Kenji Mizoguchi

Noël Simsolo

Kenji Mizoguchi

Traducción:
Antonio Francisco Rodríguez
(*Cahiers du cinéma. España*)

CAHIERS DU CINEMA

EL PAÍS

En portada:

Machiko Kyo en *La emperatriz Yang Kwei-Fei.*

Página 2:

Kenji Mizoguchi en el rodaje de *Los músicos de Gion.*

A Siguéhiko Hasumi

Cahiers du cinéma ediciones
Presidente: Anne Chaussebourg
Director delegado: François Maillot
Dirección de la colección: Claudine Paquot, con la colaboración de Franck Henry
Diseño de portada: TM Limited (AGI TM France sas)
Diseño de interior: Paul-Raymond Cohen y Clémentine Hède
Secretaría de la edición: Alexia Renard, con la colaboración de Virginie Bouilhac
Corrección: Thérèse Rabiller
Producción: Claude Morin, con la colaboración de Carolina Lucibello

9, passage de la Boule-Blanche – 75012 París
www.cahiersducinema.com

ISBN: 978-84-9815-970-7
Edición particular para **EL PAÍS**

Índice

Introducción

"Para mí, el problema es saber si en un film es posible traducir los matices de los dibujos chinos, con finos trazos".

Kenji Mizoguchi (1952)

A principios de los años cincuenta, cuando *La vida de O-Haru, mujer galante* (Saikaku ichidai onna, 1952), *Cuentos de la luna pálida de agosto* (Ugetsu monogatari, 1953) y *El intendente Sansho* (Sansho dayu, 1954) triunfaron en el Festival de Venecia en 1952, 1953 y 1954, la obra del japonés Kenji Mizoguchi se convirtió, a nuestros ojos, en sinónimo de la belleza del cine. El mundo acababa de descubrir *Rashomon* (Rashomon, 1950) y *Los siete samuráis* (Shichinin no samurai, 1954) de su joven compatriota, Akira Kurosawa, pero parecía que Mizoguchi, por aquel entonces autor de más de setenta películas invisibles en Occidente, llevaba el séptimo arte a su más elevado nivel de incandescencia.

En Francia, la retrospectiva de diez de sus filmes en 1958 supuso un gran acontecimiento artístico. En aquel año, en que germinaba la *Nouvelle Vague*, los paladines de la política de los autores afirmaban que un cineasta expresaba su universo mediante la puesta en escena. Las obras de Mizoguchi parecían darles la razón y, en un artículo inspirado, Jacques Rivette escribió: "Si la música es idioma universal, la puesta en escena también: esto, y no japonés, es lo que hay aprender para comprender "el Mizoguchi", lenguaje común pero llevado aquí a un grado de pureza que nuestro cine occidental sólo ha conocido excepcionalmente"[1].

A continuación, el cine de Mizoguchi se ha vuelto indispensable. Y sin embargo, sólo podemos ver unas cuarenta de sus obras; el resto se han perdido o destruido. La mayoría de los trabajos de los años veinte y treinta forman parte de esa cinematografía fantasma donde yacen tesoros desaparecidos.

Lo propio de un cineasta capital es ser un "moderno" que se convertirá en un "clásico". Para ello debe erigir una obra que a la vez pertenezca a su tiempo y sea atemporal, que pertenezca a su cultura nacional y tenga una dimensión universal, una gran altura artística y de una fuerza ideológica imparable. En pocas palabras, necesita estilo y sentido, estética y ética, ha de ser elitista y popular. Las películas de Mizoguchi conjugan todo ello bajo la apariencia de melodramas que proponen, en su mayoría, retratos de mujeres traicionadas, marginadas o humilladas por los hombres. Componen así una obra que debe ser abordada en su cronología porque depende tanto de la historia de Japón como de la depuración progresiva de un estilo.

Página izquierda: Rodaje de *La calle de la vergüenza.*

1. Jacques Rivette, "Mizoguchi vu d'ici", *Cahiers du cinema*, nº 81, marzo de 1958.

Aprendizajes (1898-1936)

Deslumbramientos y fascinación en un Japón en mutación

Una infancia en la era Meiji

Kenji Mizoguchi nació el 16 de mayo de 1898 en Tokyo. Esta fecha se inscribe en la era Meiji (1868-1912), que empezó con un golpe de Estado destinado a la restauración del poder imperial. "En 1868, estos hombres (los que asumieron el poder) tenían entre veintisiete y cuarenta y un años, es decir, una media de edad excepcionalmente baja que sin duda no es ajena a su singular aptitud para adaptarse al cambio. Ejerciendo su autoridad mucho más allá de los límites asignados por su estatus social de origen, creían en la superioridad del talento en detrimento de la cuna y promovían ideas revolucionarias para la época"[2].

Durante la segunda mitad del siglo XIX, las ideas procedentes de Occidente se fueron infiltrando en un Japón hasta entonces aislado y organizado en un universo cerrado. Las potencias extranjeras intentaban colonizarlo y esta amenaza provocó transformaciones radicales: armamento del país para detener las invasiones, crecimiento económico a raíz de la invitación de técnicos europeos para asimilar sus métodos de industrialización, lucha contra los privilegios, educación de las masas desfavorecidas. Esta democratización vino acompañada de una renovación cultural. Junto a las dramaturgias del Nô y del kabuki apareció el shimpa, que fusiona la tramoya tradicional y la interpretación occidental. En lo que respecta al cine, hacía dos años que la primera cámara había llegado a suelo nipón, en 1897. Tras el rodaje de noticiarios, la ficción se inauguró con la grabación de una obra de kabuki en 1902: *Paseemos bajo las hojas de arce*. Sin embargo, los filmes americanos y franceses se exhibían masivamente en el archipiélago.

2. Edwin O. Reischauer, *Histoire du Japon et des Japonais*, 2 vols., Éd. du Senil, 1997.

Páginas precedentes:

Cinco mujeres alrededor de Utamaro.

La mujer y el artista.

Página izquierda:

Kenji Mizoguchi.

Mizoguchi pasa su infancia en este Japón en mutación. Su padre es carpintero y aspira a una situación mejor. Cuando el país entra en guerra con Rusia, abre una fábrica de prendas de caucho destinadas al ejército, pero el gobierno vota una reforma fiscal para apoyar el esfuerzo de la guerra, en 1904, y se desencadena una grave crisis económica. Una vez firmada la paz, en 1905, la familia Mizoguchi está arruinada. Se mudan al barrio de Asakusa, conocido por sus prostitutas y teatros populares. Empujado por la pobreza, el padre vende a su hija Suzu como geisha. El acontecimiento marca al pequeño Kenji, que comienza su formación en la escuela de Ishihama y no es un buen alumno. Después de las clases, pasea por el barrio, observa la fauna de los miserables y las mujeres venales, se cuela en los teatros y se maravilla ante los espectáculos de sombras chinas y los melodramas populares del shimpa. Desde muy temprano su obra dará cuenta de ese deslumbramiento y fascinación a veces sórdida. Él mismo evocará la fuerza de esa impregnación: "Allí aprendí mi oficio. Si hubiera seguido estudios convencionales, no habría tenido la oportunidad de descubrir nada original en mí. Estudiando con la propia vida, he acabado creyendo que la vida es una escuela interminable, no sólo para el espectáculo, sino una escuela de humanidad y también de placer. ¡Por todas esas escuelas he pagado las tasas de escolaridad!"[3].

3. Citado en Marcel Giuglaris, "Années d'apprentissage", *Cahiers du cinéma*, nº 158, agosto-septiembre de 1964.

Mizoguchi conservará siempre la nostalgia de la era Meiji. En muchas de sus películas (*meiji-mono*) reconstruirá su atmósfera y especificidad, pero los acontecimientos que su país atravesará durante su existencia no le permitirán vivir únicamente en el pasado.

Su afición por el realismo social y su genio formal resistirán, mal que bien, al hundimiento nacional en el totalitarismo. En lo más profundo de sí mismo siempre será un rebelde.

Experiencias

Una vez concluidos los estudios primarios, Mizoguchi entra como aprendiz en el taller de un diseñador textil. Este trabajo despierta su vocación de artista y se matricula en una academia de pintura de la que se licencia con diecisiete años. La era Meiji ha concluido hace tres años. Le sucede la era

Taisho. Mizoguchi empieza a trabajar en un periódico de Kobe. Allí adopta ideas progresistas y se relaciona con el escritor Kagawa Toyohiko[4], que dirige el sindicato cristiano socialista, fundado en 1912. El conflicto mundial favorece la recuperación económica del país, porque Occidente se ha visto obligado a abandonar los mercados asiáticos, que han recuperado los industriales japoneses. Sin embargo, el pueblo no se beneficia de esta situación floreciente. Las condiciones de vida del obrero son lamentables y los sindicatos demasiado débiles para presionar a la patronal. Los salarios son bloqueados después de que Japón declarara la guerra a Alemania en 1915.

En el puerto de Kobe, las noticias circulan rápido. La revolución que acaba de estallar en Rusia se convierte en un buen ejemplo a seguir por los oprimidos. Estallan disturbios. Son los "motines del arroz". Mizoguchi tiene veinte años. En una manifestación la policía le pega una paliza y lo encarcela.

Los conflictos sociales continúan tras el armisticio de 1918. Crece el paro. El periódico de Kobe quiebra. Mizoguchi se encuentra sin trabajo. De regreso a Tokyo, lee a Balzac, Zola, Maupassant, Tolstoi y los novelistas japoneses de la era Meiji. Su juventud pasa a ser la de un autodidacta devorado por el deseo de convertirse en artista, pero aún incapaz de encontrar su camino. Entabla amistad con el actor Tomioka, que le presenta al cineasta Osamu Wakayama y, gracias a su mediación, entra en la Nikkatsu, compañía de cine fundada en 1912. Pretende ser actor pero trabaja como ayudante de dirección. Estamos en 1921, el año en que el gobierno disuelve la liga socialista fundada en 1920. Esta decisión no frena la propagación del marxismo en el país. Sintiéndose cercano a estas ideas, Mizoguchi frecuenta cada vez más los ambientes progresistas.

4. Kagawa Toyohiko (1888-1960), nacido en Kobe y apodado el Gandhi japonés.

Primeras armas

En aquel tiempo, el cine japonés se apoya en las tradiciones teatrales del kabuki y los papeles de mujeres son interpretados por hombres: los oyamas. Junto a la pantalla, un benshi, recitador procedente del bunraku, comenta con ingenio el film improvisando libremente, y el público lo considera como la atracción principal del espectáculo.

Sin embargo, existe una tendencia más moderna que se inspira en el trabajo de los partidarios del teatro occidental, que montan obras de autores extranjeros según los principios del naturalismo, exigiendo que en el arte se trascriban fielmente las apariencias de la realidad. Sus defensores se oponen a los benshis, que sin embargo seguirán siendo intocables hasta la generalización del cine sonoro en 1933. En cambio, las compañías Taishoi Katsudo y Shoshiku deciden contratar mujeres en lugar de oyamas. La Nikkatsu sigue el movimiento y se reorganiza alternando filmes con o sin hombres interpretando papeles femeninos. El público aprueba esa decisión y el éxito creciente del cine obliga a los estudios a producir más películas.

A los veinticuatro años, Kenji Mizoguchi es ascendido a director y firma *El día que vuelve el amor* (Ai ni yomigaeru hi, 1922)*, un film que concita todos los estereotipos de las novelas populares de la época. Para él, esta historia de amor desgraciado es un libreto que aprovecha para explotar los temas que se volverán recurrentes en su obra: amor y suicidio, opresión de la mujer, oposición de las castas. Sabemos que añadió secuencias de la lucha de clases filmando la rebelión de los campesinos contra los ricos, pero esos pasajes le valieron ser convocado a la prefectura de la policía. Tendrá que sustituirlos por escenas de música interpretada con un biwa, especie de laúd de cuatro cuerdas.

En 1923 firma diez filmes, de los que a veces también es guionista. Rodar tanto en un solo año no tiene nada de excepcional para la época. Es el sino de todos los cineastas, tanto en Japón como en otros lugares. Estas primeras obras son principalmente melodramas ambientados en la era Meiji, a veces inspirados en el teatro occidental. Otros son comedias ligeras, filmes policíacos o fantásticos.

El 1 de septiembre de 1923, Tokyo es asolado por un terremoto. A Mizoguchi se le confía la dirección de un drama ambientado en los lugares del siniestro: *En las ruinas* (Haikyo no naka, 1923). Se instala en Kyoto, donde la Nikkatsu posee un estudio.

Una de las consecuencias del terremoto es una nueva eclosión del cine. Como los depósitos de películas fueron destruidos por el seísmo, en 1924 se rodaron novecientas producciones. Es difícil juzgar su calidad, ya que la mayoría se han perdido. Sólo conocemos los temas, que son los del

* Ninguna de las películas de Mizoguchi se ha estrenado comercialmente en España. En el texto, se ha optado por poner el título en castellano y entre paréntesis el original japonés. Para el título en castellano nos hemos basado en las monografías que sobre Mizoguchi se han editado en nuestro país (véase Bibliografía).

Página derecha:

El mundo de aquí abajo.

En el ámbito del melodrama naturalista.

El puente de Nihon.
Primera incursión en el universo del novelista Kyoka.

drama contemporáneo, la saga de samuráis, la farsa o la investigación policial. Sólo los diferencia su estilo.

Ente 1924 y finales de 1925, Mizoguchi firma dieciocho películas con la Nikkatsu. Podemos imaginar que su afición por las artes le lleva a ensayar formas que le satisfagan en la composición de la imagen. Según su guionista Yoshikata Yoda, habría quedado satisfecho con su film *El mundo de aquí abajo* (Jin Kyo, 1924)[5].

5. Yoshikata Yoda, *Souvenirs de Kenji Mizoguchi*, Cahiers du cinéma, col. "Petite bibliothèque", 1997.

La tensión política se relaja una vez el gobierno decreta el sufragio universal masculino, pero Mizoguchi sigue teniendo problemas con la censura por haber mostrado los amores de un bonzo y de una geisha en *Lluvia de mayo y papel de seda* (Samidare soshi, 1924) y haberse burlado de la guerra en *No hay guerra sin dinero* (Musen Fusen, 1925).

Su vida privada es agitada. En 1925 una prostituta le hiere en la espalda con una cuchilla de afeitar. El trauma producido por esta agresión se reflejará en su obra. En ella, a menudo las mujeres blandirán una cuchilla o un puñal para suicidarse, matar o mutilar a alguien, pero nunca se percibirá misoginia en él. Y se afirmará como el cineasta de la defensa de las mujeres. No sólo ensalzará su belleza, sino estigmatizará las diversas opresiones que la sociedad japonesa les hace padecer.

La búsqueda de un estilo

Según Mizoguchi, en 1926 empieza a encontrar su camino desde el punto de vista estético. Es un año capital para el cine japonés. La Nikkatsu ha hecho construir estudios modernos. La Shochiku, fundada en 1920, está en expansión: en ella debuta Heinosuke Gosho y son ayudantes Mikio Naruse y Yasujiro Ozu. En cuanto a la Makino Shojo, produce películas artísticas. Teinosuke Kinugasa, un antiguo oyama, es el director principal, pero decide crear su propia productora y rueda *Páginas de locura* (Kurutta ippeji, 1926). Influido por la vanguardia occidental, este film es un jalón esencial del cine japonés. Incluso será exhibido en el extranjero.

En esta efervescencia industrial y artística, Kenji Mizoguchi emprende búsquedas formales. Su futuro guionista Yoshikata Yoda[6] lo confirma: "A partir de *Murmullo primaveral de una muñeca de papel* (Kami-ning yo haru no sasayaki, 1926) empieza a perfilarse lo que podemos llamar el estilo lírico de Mizoguchi. Es un film excelente, interpretado por la actriz Yoko Umemura, que relataba el amor y el matrimonio de una joven como contrapunto a la desaparición de pequeñas empresas devoradas por la expansión del capitalismo".

6. Yoshikata Yoda, *op. cit.*

En aquella época, Mizoguchi vuelve a encontrarse con un compañero de la escuela, el escritor Kawaguchi Matsutaro[7]. Juntos adaptan una obra de kabuki: *El amor de una profesora de canto* (Kyoren no onna shisho, 1926), historia de celos con fantasma vengador que cosecha el éxito en todo el país. No obstante, la era Showa comienza en 1927 con una gran crisis económica que provoca quiebras. Disminuye la producción de películas. Ese año, Mizoguchi sólo dirige dos filmes, *Como el cambiante corazón de un pájaro* (Jihi Shincho, 1927), melodrama adaptado de una novela de trece tomos de Kan Kikuchi[8] y *Gratitud al emperador* (Ko-on, 1927), a propósito del que declara: "He rodado este film por encargo del ejército, pero han cortado una escena en la que un soldado herido toca el acordeón, afirmando que era una escena antimilitarista. Ahora bien, al presentar el film censurado, el prefecto me ha dicho que era bueno"[9].

7. Kawaguchi Matsutaro (1899-1985), escritor que pronto se hizo célebre con su novela *El árbol de los juramentos*.

8. Kan Kikuchi (1888-1948), editor y novelista, autor de *Shunkan*.

9. Yoshikata Yoda, *op. cit.*

La libertad de expresión se torna difícil par los artistas japoneses. A las primeras elecciones con sufragio universal de 1928 pronto seguirá la represión contra la izquierda. Los partidos de la oposición quedan disueltos y los dirigentes comunistas encarcelados. Se suceden los atentados. Reina la censura. Mizoguchi evita atraer sobre sí la atención de las autoridades y dirige *La vida de un hombre* (Hito no issho, 1928), basado en las caricaturas de Ippei Okamoto[10] publicadas en una revista femenina, y luego rueda *Querida hija* (Musume kawaiya!, 1928) y recupera una actividad regular firmando cuatro filmes en 1929.

Si *Brilla el sol al elevarse* (Asahi wa kagayaku, 1929) es un encargo para celebrar el aniversario del periódico *Asahi*, *El puente de Nihon* (Nihon bashi, 1929) restablece su afición a la crítica social. El film tiene como decorado el barrio de las casas de té de Tokyo durante la era Meiji. Es la adaptación de una novela de Izumi Kyoka[11], autor hacia el que Mizoguchi afirmará sentir "una profunda simpatía por el espíritu popular de rebelión que impregna sus obras"[12].

Su siguiente película, *La vida de Tokyo* (Tokyo koshin kyoku, 1929), es una de sus pocas producciones mudas que se han salvado. Pone en escena a una huérfana vendida como geisha por su tío y cortejada por tres hombres, entre los que se encuentran un rico industrial y su hijo. El gran burgués descubre que esa mujer es su propia hija. En este film se aprecia una original voluntad de escritura pictórica. Tras la apertura, que mezcla imágenes documentales con experimentaciones formales en la estela del cine soviético, Mizoguchi privilegia los gestos y las miradas, alterna planos fijos con largos movimientos de cámara, ensaya elipsis e inserta objetos o paisajes urbanos y compone así una música de imágenes deteniéndose en los momentos de dolor y crueldad. El aspecto naturalista que baña sus primeros filmes se difumina bajo una expresión ante todo poética, en la que la puesta en escena expresa el extravío y la violencia de los sentimientos. Las técnicas narrativas del cine mudo están completamente asimiladas y contribuyen a un estilo personal. Pero ese formalismo no minimiza la parte humana y social del film, en el que la imagen negativa del padre, la apatía de los hombres y la violencia de las relaciones de clase se presentan con radicalismo.

Sinfonía de la gran ciudad (Tokai kokyogaku, 1929) recupera, a continuación, la ideología progresista que ha marcado al cineasta. Adaptada a partir de textos de escritores de izquierda, la obra insiste en los conflictos de clase en el Tokyo contemporáneo. Más tarde, la autoridad militar se apoderará del film y lo amputará al juzgarlo marxista.

10. Ippei Okamoto, pionero del cómic japonés.

11. Izumi Kyoka (1873-1939), de verdadero nombre Izumi Kyorato, es autor de relatos, obras de teatro y novelas que a menudo describen la vida en las casas de placer. Él mismo vivía con una geisha y se hizo famoso en 1900 con su novela *El santo del monte Koya (Kôya Hijir)*.

12. Yoshikata Yoda, *op. cit.*

Página derecha:

Sinfonía de la gran ciudad.

Tentativa de cine progresista.

La tierra natal, 1930.

Primer film sonoro y musical.

Los balbuceos del sonoro

A partir de 1927, la Shochiku aborda el cine sonoro. En 1929, le siguen las compañías Makino y Nikkatsu. Esto indigna a los benshis, que amenazan con hacer una huelga y boicotear esta nueva forma de cine. Al margen de los problemas económicos relacionados con el cambio del equipo de las salas de proyección, esta amenaza corporativista ralentiza la generalización del sonoro.

Sin embargo, Mizoguchi dirige *La tierra natal* (Furusato) en 1930 según este procedimiento, pero sus siguientes filmes siguen siendo mudos con acompañamiento sonoro, popurrí de música clásica y voces de benshi que comentan la acción o recitan los subtítulos, mientras otros cineastas dominan el sonido y dirigen obras habladas que cosechan un gran éxito, como *La mujer del vecino y la mía* (Madamn to nyobo, 1931) de Heinosuke Gosho.

En la mayoría de las obras de este período, Mizoguchi filma historias en las que aparecen geishas y prostitutas. Son las figuras centrales de sus tapices de luz. Su cámara acaricia su rostro y sus cuerpos. Nadie como él sabe filmar la piel de las mujeres.

La evolución política del país transforma las mentalidades. Los militares aliados con los nacionalistas fomentan el "complot de la restauración Showa". Oficiales japoneses sabotean un tramo de vías de ferrocarril al sur de Manchuria y atribuyen la responsabilidad a las autoridades chinas para comenzar la conquista de ese territorio. En 1932, los facciosos asesinan al ministro de economía y al primer ministro Inukai, que es sustituido por el almirante Saito, un liberal que defiende la misma política colonial. En este contexto nacionalista, los dirigentes del régimen desconfían del cine y censuran los temas de resonancia social. Temeroso de que le prohíban trabajar por sus ideas progresistas, Mizoguchi acepta un encargo del ejército: *El amanecer de la fundación en la Manchuria* (Manmo kenroku no reimei, 1932). Este film de propaganda no lo produce la Nikkatsu, sino Irie Production, una compañía que pertenece a la actriz Takako Irie, que debutó en el cine a los diecisiete años en los filmes de Tomu Uchida.

Tras esta concesión al cine de propaganda, Mizoguchi rueda otras tres películas para Irie Production.

El hilo blanco de la catarata (Taki no shiraito, 1933) adapta, una vez más, una novela de Izumi Kyoka: *Gogetsu Koketsu*, que muestra a una artista itinerante que ayuda a un joven pobre a estudiar y más tarde se sumerge en la decadencia y apuñala a quien abusaba de ella. El final introduce la elipsis para superar las tradiciones narrativas del melodrama convencional – este procedimiento será utilizado por Mizoguchi a lo largo de su carrera – y abundan las invenciones de puesta en escena. Empieza a componer los planos *de otra manera*.

La fiesta de Gion (Gion matsuri, 1933) se escribe a partir de una novela de su amigo Matsutaro Kawaguchi que el propio Mizoguchi adapta. "Podría creerse que este film se rodó a mi conveniencia, pero en realidad fue al contrario"[13].

Filma *El grupo del viento de la victoria* (Jimpu-ren, 1933) y discute con su actriz y productora, regresa a la Nikkatsu y dirige *La garganta del amor y del odio* (Aizo-toge, 1934), que relata los amores de una actriz y un rebelde del partido liberal. Tras este rodaje, se separa de la Nikkatsu y se asocia con Masaichi Nagata, un hábil productor que acaba de fundar la Daiichi Eiga en Kyoto[14].

13. Yoshikata Yoda, *op. cit.*

14. Masaichi Nagata (1906-1985), productor que dirigió la Daiei a partir de 1948 y produjo filmes de Kurosawa, Ichikawa y Mizoguchi, y más tarde las series de monstruos (*Gamera*) y samuráis (*Zatoichi*).

Páginas anteriores:

Takako Irie en

El hilo blanco de la catarata.

Más arriba:

El hilo blanco de la catarata.

El inicio de la madurez.

La cristalización en los años de plomo

En 1933, Japón abandona la Sociedad de Naciones porque esta última se niega a reconocer sus conquistas territoriales en Asia. Al año siguiente, Okada, sucesor de Saito, confía la administración de Manchuria al ministro de defensa y sitúa a nacionalistas extremistas en puestos clave de la administración. La propaganda reina desde que el país invade la China del norte. Una policía especial se encarga de la "supervisión de la opinión". Muchos hombres de izquierda, militantes obreros y estudiantes, son encarcelados, y se suspende a muchos profesores. Se prohíbe el rodaje de películas progresistas o sobre el mundo obrero, pero, paradójicamente, se permite mostrar el *Lumpenproletariat* y el hampa.

En su primer film para la Daiichi Eiga, Mizoguchi adapta otra novela de Izumi Kyoka, con el título de *Osen, el de las cigüeñas* (Orizuru Osen, 1934). Los libros de este autor cuentan siempre la historia de una mujer, con frecuencia una artista, que ayuda a ascender socialmente a un hombre pobre y luego se convierte en prostituta y asesina (o demente) para finalmente volver a encontrarse con su protegido, que ha triunfado socialmente como médico, juez o abogado. Pero este encuentro llega demasiado tarde para que el antiguo protegido pueda salvar a la mujer perdida. En *El hilo blanco de la catarata* asistimos a un doble suicidio. Aquí, el joven médico comprueba la locura de la mujer que se ha sacrificado por él.

Construido audazmente con un doble *flash-back* en paralelo con otro *flash-back* interior, *Osen, el de las cigüeñas* destila emoción mediante las invenciones estilísticas de la puesta en escena. El uso de planos secuencia en movimiento lateral acompañando a los personajes, lo abrupto de las elipsis y las frecuentes rupturas de ritmo mediante variaciones de cadencia en el montaje realzan la oscuridad lírica del conjunto. De este modo Mizoguchi consigue una síntesis de sus búsquedas estéticas sin difuminar la violencia del tema tratado. La descripción del grupo de estafadores, la rebeldía desesperada de

Osen, el de las cigüeñas.
El inicio del estilo realista.

la mujer y las relaciones de fuerza están impregnadas de mística sin humanismo moralizador. Al esbozar el engranaje de la prostitución, consigue establecer, a hurtadillas, la crítica de todas las opresiones y represiones del tiempo presente.

A continuación lidia con la censura en *Oyuki, la virgen* (Maria no Oyuki, 1935), una adaptación de Matsutaro Kawaguchi del *Bola de sebo* de Guy de Maupassant, y más tarde, *La amapolas* (Gubijinso, 1935), film más inscrito en el melodrama puro, confirma su dominio de los dispositivos del cine sonoro. Sin embargo, artísticamente se siente en un callejón sin salida, tanto más cuanto que la situación política le prohíbe abordar temas que le son caros.

El 26 de febrero de 1936, los oficiales masacran a los ministros y generales. El golpe de Estado fracasa. El mando militar aprovecha para imponer su poder y Japón firma una alianza con la Alemania nazi y la Italia fascista. En este con-

Las amapolas.

Un melodrama a la antigua usanza.

Página izquierda:

Oyuki, la virgen.

texto fascistoide, Mizoguchi abandona el *meiji-mono*. Aprovechando la independencia que le confiere la Daiichi Eiga, ambienta sus películas en la época contemporánea y abandona el naturalismo para alcanzar un realismo más duro, a la manera de la Nueva Objetividad[15], que ante todo pretende mostrar la verdad interior de los personajes. Su guionista Yoshikata Yoda recuerda sus palabras: "Hay que describir al hombre, representar con imágenes el cuerpo humano. Descríbeme tipos implacables, egoístas, rácanos, sensuales, crueles... En este mundo sólo hay hombres aborrecibles"[16].

Elegía de Naniwa (Naniwa erejii, 1936) narra el destino de una joven telefonista que se convierte en amante de su jefe para ayudar económicamente a su familia. Su protector la abandonará y se hará prostituta tras sufrir la ingratitud de los suyos. El film ataca la imagen del padre y la cobardía de los hombres. La protagonista resulta explotada tanto por sus amantes como por su familia. Para ellos no es sino un valor mercantil. Aquí, el sexo y el dinero son los vectores de una decadencia sin remisión.

La obra es implacable. Sólo la protagonista atrae la simpatía, aun cuando llega al cinismo en la escena final y confía a un médico que tiene una enfermedad llamada "delincuencia", lo que indirectamente quiere decir: "prostitución".

Las hermanas de Gion (Gion no kyodai, 1936) continúa esta senda relatando la historia de dos hermanas geishas en Kyoto y acaba con una escena en la que la menor acusa a los hombres de ser responsables de la infelicidad de las mujeres.

Con este díptico, Mizoguchi ofrece un manifiesto de aquello en que su cine se convertirá progresivamente: la expresión de una mirada lúcida y desesperada sobre la alienación de las mujeres. Para acotar esta violencia permanente, filma con planos secuencia a fin de captar lo real y lo indecible mediante la duración, sin eliminar nunca lo atroz, lo vulgar y lo sórdido; lo que explica la extraña belleza del conjunto, tan opresiva como terrible, lejos de las concesiones del melodrama naturalista o de las mitologías novelescas y sentimentales del shimpa y la novela popular.

15. Movimiento pictórico alemán que se desarrolló entre 1922 y 1932, la Nueva Objetividad (*Neue Sachlichkeit*) se aleja de la vanguardia formalista para introducir una representación figurativa que privilegia el contexto social y se singulariza por la descripción distanciada de la vida cotidiana, tanto en lo banal como en lo sórdido. Su influencia se dejará sentir en la poesía, la literatura y el cine. Los nazis estigmatizarán este movimiento considerándolo como arte degenerado.

16. Yoshikata Yoda, *op. cit.*

Página derecha:

Las hermanas de Gion.

Un realismo negro.

Resistencias por la forma (1937-1949)

Bajo el totalitarismo nipón y la ocupación americana

Un cine dependiente

A pesar de la censura militar y las presiones nacionalistas, Japón es el mayor productor mundial de cine (quinientas sesenta películas en 1936), pero sus obras rara vez se exhiben fuera del archipiélago y sus colonias. Los estudios de Kyoto y Tokyo producen básicamente filmes de temática tradicional y crónicas contemporáneas. Junto a Mizoguchi, los grandes directores son Gosho, Kinugasa, Naruse, Ozu y Shimizu. Todos son reacios a plegarse a los dictados del gobierno y constituyen una asociación para preservar su libertad de expresión, pero la oficialización de la guerra con China en 1937 aumenta el control de los militares sobre la industria del cine. Se generaliza el concepto de arte nacional. El gobierno exige al pueblo rechazar cuanto proceda de Occidente y prohíbe la distribución de *La gran ilusión* (La Grande Illusion, 1939), de Jean Renoir, debido a su pacifismo. Otras películas extranjeras sufren idéntica suerte en nombre de la dignidad nacional.

El general Hayashi acaba de llegar al poder. No se rodea de ningún civil. A pesar de ser mayoritarios en la Dieta, los partidos acaban reducidos a la impotencia. Se asiste a un regreso del orden moral de la tradición feudal. El emperador y el ejército se convierten en cultos obligatorios, más aún cuando estallan incidentes militares en las fronteras de la Unión Soviética, donde está acantonado el ejército japonés, y se extienden los combates: conquista de Mongolia y del Sudeste Asiático. El Estado controla ahora la fabricación de película y el uso del material cinematográfico.

Página izquierda:

Kenji Mizoguchi (sentado en la grúa) durante el rodaje de *La vida de un actor.*

En 1940, Japón se apodera de la Indochina francesa con el acuerdo del gobierno de Vichy, y a continuación invade Filipinas, firma una alianza con Italia y Alemania, así como un pacto de no agresión con la Unión Soviética. La participación en el esfuerzo de la guerra se impone a los cineastas. El órgano superior del control de la prensa, radio y cine prohíbe toda obra que trate de la felicidad individual, de la libertad o que haga un elogio del amor. La propaganda nacional es el credo a seguir. Las producciones Toho se pliegan a ello con celo, rodando películas militaristas a mayor gloria de las tropas que combaten en Asia.

El 7 de diciembre de 1941, Japón destruye la flota americana atracada en Pearl Harbor. Sintiéndose fuertes por el recuerdo de la victoria contra Rusia a principios de siglo, el país aplaude a su ejército. El nacionalismo conquistador ha alcanzado su punto de no retorno. Se moviliza a los artistas para servir a la causa y los cineastas pierden completamente su libertad creativa.

Retratos de artista y de ronins

Kenji Mizoguchi atraviesa este largo período tratando de no comprometerse. En 1937, la Nikkatsu y la Shochiku controlan la distribución y exhibición de películas. Los productores independientes se ven forzados a trabajar con estas compañías. La Daiichi Eiga sufre las leyes de este sistema.

Aunque la crítica saludara el valor innovador de los dos últimos filmes de Mizoguchi, su exhibición en salas es limitada. Esto tiene como consecuencia la quiebra de la sociedad Nagata, y Mizoguchi se dispone a trabajar con Shinko Kinema, donde dirige *El valle del amor y la tristeza* (Aien kyo, 1937), transposición de *Resurrección*, de León Tolstoi. A continuación, abandona momentáneamente Kyoto por Tokyo y rueda *La patria* (Aa! furusato, 1938), en el que una joven lucha contra la industrialización intensiva de su ciudad. En esta película, esquiva irónicamente todos los códigos impuestos por la censura realizando la apología del tradicionalismo frente al progreso destructor y haciendo emerger preocupaciones sociales en la trama nacionalista del relato. En este momento de su carrera cree poder hacer lo que quiere, y se equivoca. El nuevo director del estudio le impone la dirección de un film que exalte el patriotismo nacional: *La canción del campo* (Roei no uta,

Mizoguchi por Jean-Claude Biette

"Mizoguchi despliega todo el abanico de pasiones: de la crueldad ceremoniosa de los tiranos al júbilo lacónico de los artistas, de la fidelidad religiosa de las madres al sacrificio callado de las hijas, del cinismo alegre de las prostitutas al odio contagioso de los monjes. Pero también despliega, como en ángulo recto, aquella otra, más rara, del tiempo: distribuye a sus personajes en una calma recogida, unas veces dejándoles envejecer y alejarse, otras abandonando a otros, alcanzados por una muerte violenta. Nos presenta a estos personajes, cuyas emociones Mizoguchi nos hace compartir y conocer, sin pretender separar la fuerza de las entidades morales y psicológicas a través de las que viven y comprenden su vida, de la distancia que preserva con la cámara; este arte de la modulación, expresión con la que en otra ocasión Rivette definió tan bien la obra de Mizoguchi, fue por lo demás la característica –y la resultante– de una transcripción, encarnizada y en una misma dirección sagrada, de emociones vagamente formuladas. En estas recomendaciones que transmitía a sus guionistas: "Ni muy bello ni muy feo, ni muy sórdido, ni muy lógico", y "No basta con retratar al hombre de *frente*, lo quiero de *perfil*", podríamos ver un humanismo acaso cercano al de John Ford, pero no menos atribuible a otros, de no haber, en los propios filmes de Mizoguchi, ese arte original de ahorrar, mediante la modulación, los artificios y convenciones que en Ford apuntan a la nostalgia de un acuerdo más familiar y vinculado a una resignación a lo peor, a fin de que germine, aliviada de todas las clavijas del arte, purificada e íntegra, desgarradora y reconciliadora, la trama de los destinos humanos, que ha encontrado su armonía."

La vida de O-Haru, mujer galante.

Fragmento de un texto que acompañaba un programa de las películas de Mizoguchi presentado por Paolo Branco en el cine Action République en 1978.

Historia de los crisantemos tardíos.

El mundo del teatro.

1938). Temiendo ver su carrera truncada si se niega, Mizoguchi rueda la película, pero no desea reincidir en el cine de propaganda. Regresa a Kyoto para trabajar en la Shochiku, aprovecha su creciente notoriedad y exige una libertad total. No obstante, tiene la prudencia de no abordar temas que puedan irritar al poder establecido. Su amistad con artistas progresistas le hace temer padecer su misma suerte: prisión o envío a la primera línea del frente. Se orienta a la realización de filmes sobre el teatro.

Esta decisión no sorprende vista su pasión por todas las formas del espectáculo. Además, a menudo inserta representaciones de obras en sus filmes o evoca la vida de los actores. Por lo tanto, es falso pensar que esta decisión sólo se atiene a una obligación circunstancial. En su caso el teatro siempre está presente, tanto por la opción de filmar frontalmente a los personajes, en plano fijo, como por su manera radical de rodar las representaciones escénicas de manera documental.

Historia de los crisantemos tardíos (Zangiku monogatari, 1939) abre este ciclo de manera magnífica en el plano formal al declinar los temas recurrentes de su autor. Ambientado en la era Meiji, es una de las pocas obras en que sigue el destino de un hombre. Pero el protagonista, en Mizoguchi, no puede ser un individuo viril y dominante. Su sensibilidad artística y humana lo feminiza. Sin duda ésta es la razón por la que este cineasta de la mujer puede volcarse en él con indulgencia. En esta película, un actor vive dominado por la personalidad de su padre, un maestro del kabuki. Sólo podrá triunfar bajo el disfraz de oyama. Este drama descansa en una dualidad identitaria. Para vencer la parte opresiva de su padre, el artista debe abandonar su clase social, encontrar otra madre, la joven criada a la que ama, e investirse como mujer en el escenario para cristalizar sus dones y su naturaleza. Mizoguchi construye este itinerario freudiano con pudor y distancia mediante representaciones de kabuki, de una belleza asombrosa.

Más allá de la metáfora sobre el sacrificio de una mujer y de la opresión que la sociedad de castas y la ingratitud masculina le imponen, este film alcanza momentos de gracia con su mera puesta en escena, a menudo estática, siempre fluida y suave.

En ella encontramos esa aterciopelada sensualidad de las figuras de estilo que tejerán las futuras obras maestras. Cada personaje ocupa un lugar en el espacio enmarcado por la pantalla, lugar que define su relación psicológica y social con los otros protagonistas. Reina en él la idea de que el agua y la belleza son mortíferas y aterradoras. Lo que presagiaba su díptico sobre la prostitución contemporánea se extiende secretamente en esta obra desgarradora en la que se afirma como cineasta de la belleza angustiosa, nunca decorativa o meramente seductora. Esta belleza es sacrificial y antecámara de la muerte o la destrucción. Se roza un misticismo alejado de la idea de religión o serenidad.

Pronto rueda *La mujer de Naniwa* (Naniwa onna, 1940), ambientado en el mundo del joruri, teatro de marionetas tradicional, en el que dirige por primera vez a Kinuyo Tanaka; a continuación filma una novela de Matsutaro Kawaguchi, *La vida de un actor* (Geido ichidai otoko, 1941), la historia de un actor de kabuki, Ganjuro Nakamura. Encargado de escribir el guión,

Páginas siguientes:

La venganza de los cuarenta y siete samuráis.

Rigor en la superproducción.

La vida de un actor.

En el rodaje de *La vida de un actor.*

Yoda le propone centrar el tema en el conflicto entre un padre y un hijo. Mizoguchi rechaza la propuesta por miedo a la censura. En los albores de la entrada de Japón en la guerra mundial, la rebelión de un hijo contra su padre se habría interpretado como una rebelión contra la patria, especialmente cuando una gran parte de la opinión se inclina a favor del gobierno.

La actitud de Mizoguchi hacia el poder es entonces ambigua. Le halaga que sus películas reciban el premio concedido por el ministerio de Cultura, pero no le apetece hacer obras de propaganda y dirige una nueva versión de *La venganza de los cuarenta y siete samuráis* (Genroku Chushingura, 1941-42), que relata la conducta de unos vasallos que vengan a su maestro y se hacen el haraquiri. Fechado a finales del siglo XVII, este acontecimiento ha inspirado novelas y obras de teatro. El cine se apoderó de la idea a partir de 1907. La Shochiku desea que esta versión sea espectacular y conforme a las reglas dictadas por el gobierno militar, pero Mizoguchi les impone basarse en una obra de Seika Mayama[17] y contratar a la Zinshin-Za, una compañía de actores de kabuki, para interpretar los papeles principales.

El guionista Yoda evoca la génesis: "La Shochiku quería [una versión] más popular, más tradicional, apropiada para conmover a un pueblo sumergido en la guerra. La obra de Seika Mayama, más austera, giraba en torno al drama personal del protagonista, Kuranosuke Oishi, que sufría al tener que fingir mientras esperaba el día de la venganza. Con

17. Seika Mayama (1878-1948), autor de teatro fiel a la tradición del kabuki.

semejante tema, la Shochiku se arriesgaba a un fracaso. Además, Mizoguchi había declarado que no quería hacer del film un gran espectáculo. Rodar grandes escenas de acción no era su fuerte. Sin duda sentía que, fueran cuales fueran sus esfuerzos, sólo lo lograría de forma mediocre En pocas palabras, quería hacer [...] un film denso y sobrio. Mizoguchi no aceptaba cualquier tipo de empresa. Rechazaba todo aquello para lo que no se sentía preparado. No por facilidad, sino por voluntad de profundizar en su arte"[18].

18. Yoshikata Yoda, *op. cit.*

Mizoguchi obtiene lo que pide y firma un film muy costoso, de una duración de doscientos veinte minutos, dividido en dos partes. Formalmente bello, la obra excluye la parte picaresca y no incluye combates heroicos. Está compuesto por largos planos fijos o panorámicas laterales, sin primeros planos.

Cada escena se abre con una indicación del decorado en el que se desarrollará la interpretación. Reina una voluntad de teatralidad, con distancia, y un respeto rígido a la obra original. El texto declamado y la gestualidad minimalista son prioritarios. Se muestran representaciones de kabuki y el film se apoya en esos códigos de una manera fría y con una perfección indiscutible. Aunque la primera parte no supera el rodaje de algunos actos de la obra, la segunda contiene escenas conforme al estilo de Mizoguchi. Están ocupadas por personajes femeninos y una gracia particular sustituye la limitación hierática general de esta obra imponente que, a pesar de su dispositivo de distanciamiento, no elimina su parte de propaganda.

Dos acontecimientos perturban el rodaje. En primer lugar, Japón entra en la guerra mundial. Además, Mizoguchi vive un drama íntimo. Afectada por la sífilis, su esposa se vuelve loca. Él se siente responsable de su enfermedad. A pesar de las conclusiones médicas, que lo exculpan, conservará una eterna culpabilidad. Es un hombre en plena crisis el que termina un film que transmite los valores adecuados para complacer al régimen militar: honor del clan, sentido del sacrificio, fidelidad a la memoria del "jefe y padre".

La Shochiku decide poner en marcha un gran film destinado a sellar el tratado de paz firmado entre China y Japón. Designado para dirigirlo, Mizoguchi parte para las localizaciones en el continente asiático y allí trabaja bajo la protección del ejército en compañía de su guionista Yoshikata Yoda, pero el proyecto es abandonado antes del rodaje.

Propaganda

La producción cinematográfica se ha ralentizado. De quinientos filmes rodados en 1940 y más de doscientos en 1941, se pasa a ochenta y siete en 1942 y sesenta y siete en 1943. Se trata de obras documentales que ensalzan el heroísmo de los combatientes japoneses, ficciones antiinglesas y antiamericanas que a veces abordan la vida en la retaguardia o en los países conquistados por Japón, pero también películas históricas destinadas a exaltar la fuerza de las tradiciones. Semejante contexto disgusta a Mizoguchi. Teme verse privado de libertad y, peor aún, ser llamado a filas.

Rueda tres filmes escritos por Matsutaro Kawaguchi. Aunque *Los tres Danjuro* (Danjuro sandai, 1944) retoma la serie de retratos de actores de kabuki, los otros se ambientan en el pasado y se sacrifican a la línea nacionalista dictada por el régimen al alabar el heroísmo y el sentido del honor. Mizoguchi se muestra hábil al privilegiar los personajes secundarios en detrimento del samurái en *La leyenda de Musashi* (Myamoto Musashi, 1944) y al centrar *La espada Bijomaru* (Meito bijomaru, 1945) en la obsesión de un hombre por crear una espada perfecta. Sumergidos en la belleza plástica, estas películas abandonan la búsqueda de un realismo sin concesiones. Experimentan figuras de estilo y muestran los paisajes exteriores con un gran lirismo. Pero la situación no es apta para el triunfalismo. Japón es bombardeado. Las derrotas se acumulan en el Pacífico y el resultado de la guerra no deja lugar a dudas.

La Shochiku produce *Canto de la victoria* (Hissho ka, 1945) para alzar la moral de los civiles mostrando el valor de quienes "defienden la retaguardia" y el sentido del sacrificio de los hombres en el combate. Es una obra colectiva realizada por Masahiro Makino, Horoshi Shimizu, Tomotha Tazaka y Kenji Mizoguchi. Más sutil que grandilocuente, este film es poco comentado por los historiadores del cine. Sin embargo, en él aparecen todas las estrellas de la Shochiku. Al verlo, se reconoce la huella de Shimizu en las secuencias con niños y la de Tazaka en las escenas de aviación, pero es más difícil juzgar la participación exacta de Mizoguchi, aunque muchas escenas de interior testimonian su estilo. Evidentemente, no podía negarse a participar en un film sobre el que no habló después. Respecto a este período, repite que se ocultaba, sin precisar si eran sus ideas lo que ocultaba al poder, porque no tuvo ningún pro-

La leyenda de Musashi.

Giro estético en la propaganda.

blema con las autoridades, lo que no ocurrió con sus antiguos compañeros de izquierda. En su caso es forzoso hablar de una resignación temporal al totalitarismo. Pero ese estado de supervivencia un tanto vergonzosa explica la cólera y la violencia que estallarán en todo su desencanto en las películas que rodará tras la caída del régimen.

Las mujeres de la rebelión

El 6 y el 9 de agosto de 1945, las bombas atómicas de Hiroshima y Nagasaki provocan doscientas mil víctimas civiles. Japón capitula el 2 de septiembre y las tropas americanas ocupan el país. En 1946, se adopta una Constitución bajo la presión de los ejércitos aliados. El emperador pierde su papel político: es el asesinato del "padre tradicional". Se destierra el régimen militar y el país debe renunciar a participar en la guerra. Se suprimen los remanentes del Japón feudal: nobleza, jerarquía, autoridad absoluta del padre de familia sobre los miembros adultos de su progenitura. Se conquista

Entrevista

Arriba: Rodaje de *Cuentos de la luna pálida de agosto.*
Página derecha: Rodaje de *Mujeres de la noche.*

Fragmento de una entrevista de Kenji Mizoguchi con el crítico Hajime Takizawa, publicada en Eiga Hyoron *en diciembre de 1952.*

Takizawa. Tiene la reputación de ser muy exigente, incluso maníaco en lo que respecta al vestuario y al decorado. Creo que es un indicio de su carácter, de su odio a la mala fe y a la mentira.

Mizoguchi. Sí. Una mentira es siempre una mentira. Hay que comprobarlo *todo*; de no ser así toda la película se convierte en una mentira. Si tras reflexionar llegas a la conclusión de que la mentira ha de conservarse para el efecto cinematográfico, por razones estéticas, entonces perfecto. Pero la mentira que es una mera manera de facilitarse el trabajo tiene como único resultado volver plano y sin interés el tono de un film. Tomemos un ejemplo: realizas un picado sobre un grupo de personajes ataviados con vestidos de la época Heian. ¡Atención! Enseguida el espectador piensa en un *emakimono* (una pintura sobre rollo) que presenta exactamente la misma composición. La mentira, entonces, salta a la vista inmediatamente. ¿Sabe?, hay personas con una vista muy sagaz. Ito Shinsui hizo muchas críticas a *Señorita Oyu*, diciéndome que era necesario estudiar bien las costumbres de la época en cuestión. Desde entonces estoy muy atento. Sin embargo, la exactitud no lo es todo. Por ejemplo, en un rollo pintado, observé a un samurái que llevaba una coraza y nada debajo, ¡apenas un taparrabos! Deduzco que ese samurái ha robado la armadura. En mi opinión, el hecho de llevar así su armadura expresa muy bien el carácter del samurái, muy orgulloso de su coraza robada.

Takizawa. En su opinión, ¿qué es la puesta en escena?

Mizoguchi. Es el hombre. Hay que tratar de reflejar bien al hombre.

Decorado para *El héroe sacrílego.*

el respeto de los derechos individuales y la igualdad de los ciudadanos, incluidas las mujeres, que acceden al voto y obtienen la igualdad de derechos en el matrimonio. Sin embargo, esta democratización se ve frenada por el trauma de las bombas atómicas, la vergüenza de los vencidos, el regreso de la miseria social, un aumento de la criminalidad, la especulación y una generalización de la prostitución.

Las autoridades americanas intervienen en el mundo del cine: depuración, destrucción de los filmes de propaganda realizados durante la guerra y reorganización de las compañías: Daiei, Shochiku, Toho, etc., con una incitación a rodar películas que defiendan los valores de la democracia. El cine japonés se salva: sesenta y nueve filmes en 1946, noventa y siete en 1947, ciento veintitrés en 1948, ciento cincuenta y cinco en 1949.

Una vez se autoriza la existencia de sindicatos, Mizoguchi se convierte en presidente del de la Shochiku y dirige *La victoria de las mujeres* (Josei no shori, 1946), sobre la emancipación de la mujer. Una abogada, interpretada por Kinuyo Tanaka, defiende a una madre infanticida denunciando la opresión sufrida por la mujer en la sociedad japonesa contemporánea. El guión es de Kaneto Shindo, comunista y futuro autor de *La isla desnuda* (Hadaka no shima, 1960).

La victoria de las mujeres es un film híbrido. Bellos planos secuencia alternan con escenas perfiladas de manera clásica al servicio de un pesado didactismo. Sentimos que Mizoguchi se interesa más por la mujer que ha cometido un crimen en un momento de demencia que por la jurista, aunque está de acuerdo con su alegato sobre la condición femenina. El director carece visiblemente de vocación por la militancia activa y presenta su dimisión de su puesto en el sindicato.

A continuación se pregunta por el estatus del artista en *Cinco mujeres alrededor de Utamaro* (Utamaro o meguru gonin no onna, 1946). Este film, ambientado en la era Edo, confronta los retratos de un pintor y sus discípulos con los de cinco mujeres. Fascinado por la belleza femenina, Utamaro sólo vive para dibujar sus cuerpos y amarlas. No exhibe moral ni devoción hacia los representantes del poder. Por una de sus obras es condenado a permanecer con las manos atadas durante muchos meses. Entonces uno de sus discípulos es asesinado por una mujer bella, celosa y apasionada, porque en Mizoguchi la belleza siempre está ligada a la muerte.

Página izquierda:

Cinco mujeres alrededor de Utamaro. Mizoguchi inspirado en la carne de las mujeres.

Páginas siguientes:

Cinco mujeres alrededor de Utamaro. Reflexión sobre el artista libre de leyes.

Seguimos en el melodrama, pero la puesta en escena aleja los tópicos de este género sublimándolos con una sorprendente mezcla de lirismo y minimalismo. Por lo demás, la búsqueda estilística es el verdadero tema de este film centrado en las mujeres, que presenta al artista como un ser naturalmente subversivo, feminizado y que trasciende sus deseos sexuales mediante la creación. A su alrededor abundan las tragedias, los excesos y la decadencia. Pero él sólo se manifiesta a través de su arte. El autor lo subraya al presentar un duelo de dibujos al principio del film. Utamaro impone la derrota a su adversario demostrando su talento, porque él reproduce la vida, y por lo tanto lo real, mediante la depuración de su estilo. No cabe duda de que aquí Mizoguchi realiza su autorretrato.

En esta época, Kinuyo Tanaka es la actriz que le inspira. Explora sus posibilidades de interpretación de un film a otro y le ofrece el papel de la reina del teatro que fuera Sumako a principios de la era Taisho. Esta última revolucionó el teatro, se impuso como actriz femenina frente a los oyamas, luego intentó suicidarse, abandonó su arte y murió en 1918. Al filmar su biografía novelada, Mizoguchi se aleja de la verdad histórica para explorar la pasión amorosa de una actriz y su rechazo a plegarse a las convenciones sociales y teatrales. *El amor de la actriz Sumako* (Joyu Sumako no koi, 1947) completa así la serie iniciada con *Historia de los crisantemos tardíos*. En él observamos a los actores del teatro moderno, sus ensayos y su vida cotidiana. También es una historia de amor, pero todo descansa en su estilización: planos secuencia, a menudo fijos, rechazo de los primeros planos con la excepción del rostro de Sumako muerta al final, ciencia aplicada de la profundidad de campo. Sin embargo, Mizoguchi no está satisfecho de su película, sin duda porque su tema le obliga a respetar la forma del teatro naturalista defendida por Sumako, de la que se ha distanciado considerablemente desde sus primeras obras.

La ocupación del país parece aportar una reeducación positiva hacia la democracia, pero también engendra conflictos y violencia. Las chicas de la calle suceden a las geishas. El escritor Taijiro Tamura[19] describe esta situación en su novela *La puerta de carne* (1947).

Mizoguchi siente la necesidad de hacer una nueva incursión en este ámbito para mostrar la sórdida realidad de la

19. Taijiro Tamura (1911-1983), escritor especializado en la novela social.

Mujeres de la noche.
La sordidez de la prostitución en el Japón derrotado.

prostitución actual. Junto a su guionista Yoda, indaga en los barrios, comisarías y hospitales, expresando un sincero deseo de mostrar hasta qué punto los hombres son culpables de la decadencia de las mujeres cuyo medio conoce tan bien por haberlo frecuentado asiduamente como cliente. *Mujeres de la noche* (Yoru no onnatachi, 1948) es, en este sentido, un film expiatorio. Desde la enfermedad de su esposa, Mizoguchi vive torturado por la culpa. También considera que las normativas gubernamentales para frenar la prostitución no acotan la realidad de la situación. Ofrece una obra de una rara violencia en la que las imágenes del padre, la pérdida de toda ética por desesperación y la ignominia de los hombres contaminan a las mujeres, tanto en el ámbito de la enfermedad (sífilis) como en los actos (salvajismo exacerbado de las prostitutas entre ellas). La idea de presentar a dos hermanas como eje del relato, una mantenida y otra vendiéndose en las calles, estigmatiza el fracaso de la célula familiar y la persistencia de lo sórdido en la sociedad japonesa.

Llama de mi amor.

Regreso al cine progresista.

Mizoguchi acaba de descubrir el neorrealismo con *Roma, ciudad abierta* (Roma città aperta, 1945), de Roberto Rossellini. Esa manera documental de situar los comportamientos en el contexto social le influye. Tampoco su film se sacrifica al lirismo poético. Mizoguchi pretende mostrar lo esencial con un estilo sin concesiones, hasta un final que se eleva al paroxismo en una secuencia en una iglesia abandonada, subrayando así el carácter de mártir de la joven venal encarnada por Kinuyo Tanaka. Esta conclusión excepcionalmente simbólica no es signo de su conversión a la fe cristiana, sino que muestra que no olvida los discursos de Kagawa Toyohiko, sindicalista socialista cristiano que conoció en Kobe en su juventud.

La Shochiku le ofrece rodar *Llama de mi amor* (Waga koi wa moenu, 1949), una producción de gran presupuesto que relata la vida de Hideko Kageyama, mujer revolucionaria de la era Meiji y combatiente socialista por la emancipación de las mujeres. El guión es obra de Kaneto Shindo, responsable del tratamiento marxista de *La victoria de las mujeres*. Está escrito con el espíritu de un film militante. Kinuyo Tanaka interpreta, lógicamente, el papel principal.

La obra contiene a la vez escenas fríamente realistas y grandes momentos líricos con muchos extras. Su estilo formal es heterogéneo, mezcla rigurosos planos secuencia con escenas concebidas según una rápida sucesión de planos a la manera del cine occidental. Sin embargo, el conjunto es de una gran belleza formal. Mayor que en *La victoria de las mujeres*. Mizoguchi parece sentirse a gusto y aborda los temas que le obsesionan: opresión de las mujeres y brutalidad del hombre, ya sea el patrón esclavista o el militante político. Aquí las mujeres son víctimas en todos los casos, y el dirigente progresista las explota sexualmente.

Desde sus inicios, Mizoguchi pretende abandonar el naturalismo sentimental e imponer un realismo sórdido, pero con hallazgos formales inéditos. Pudo imponer esa manera de filmar, que sin embargo le deja insatisfecho, y declara que un artista alcanza su mejor expresión pasados los cincuenta años. Comprende que su arte se antepone a toda demostración militante, especialmente cuando la situación cambia en Japón. La energía revolucionaria resulta bloqueada por las autoridades ocupantes.

En efecto, para frenar la emergente agitación social lanzan una campaña de represión contra los comunistas. Su periódico es prohibido. Se condena su línea política. Aunque se presenta como un hombre de izquierdas, Mizoguchi considera que lo político, en sus filmes, debe pasar por *lo íntimo* de un destino de mujer. Comprueba asimismo las metamorfosis del cine japonés, en el que se multiplican las nuevas productoras. Gosho, Kinugasa, Naruse, Ozu, Shimizu han retomado su lugar y una nueva generación triunfa: Kurosawa, Ichikawa, Imai, Yamamoto. A él ya no se le considera un cineasta importante y los críticos incluso lo encuentran académico. Así pues, orientará su trabajo en la búsqueda formal para alcanzar la perfección. Lo que anunciaba su hermoso film sobre Utamaro y sus amargas observaciones sobre la prostitución será la base estilística de una serie de obras excepcionales.

Perfección (1950-1956)

La edad de oro del cine de Mizoguchi

Las elegías fúnebres

Kenji Mizoguchi inaugura este nuevo período con tres retratos de mujeres, pero estas últimas no son seres rebeldes, prostitutas o geishas. Son heroínas *ordinarias*, víctimas de su fidelidad a las tradiciones y juguetes de la dominación matriarcal. Ya no son relatos urbanos. Se sitúan en hermosos paisajes, sin entregarse al pintoresquismo rural. El espacio y la belleza de los lugares se funden en el propósito general.

Se trata de encargos, porque Mizoguchi quería realizar un proyecto que acaricia desde el principio: la adaptación de *Una mujer de placer* (1686), del poeta Saikaku Ihara[20]. La Shochiku se niega a financiar este film y la Shintoho promete hacerlo si en primer lugar dirige *El destino de la señora Yuki* (Yuki fujin ezu, 1950), basada en una exitosa novela que Seiichi Funabashi[21] acaba de publicar. Mizoguchi acepta dirigir esta historia contemporánea que relata la angustia de una esposa denigrada por un marido brutal, infiel y manipulador al que se muestra incapaz de resistirse en el plano sensual. Dos mundos se oponen en el seno del albergue que regenta: por una parte sus allegados, la joven que la admira, un adolescente enamorado de ella y un artista débil y cobarde, y, por otra, la pareja de estafadores que acompañan al marido para engañarlo. A su alrededor, reina la naturaleza, compuesta por bosques y lagos. El agua es aquí un personaje central: el baño que toma la joven, el paseo hacia el lago, etc., y se afirma como fuente de muerte. Algunos filmes ya han mostrado esta amenaza, tanto más fascinante cuanto que se acompaña de una gran belleza.

20. Saikaku Ihara (1642-1693), comerciante natural de Osaka. Se convierte en poeta tras la muerte de su mujer (1675) y escribe su primera novela en 1682: *La vida de un hombre enamorado*. Autor prolífico, marca este período con su genio.

21. Seiichi Funabashi (1904-1976), nacido en Tokyo, dramaturgo y director de compañía teatral, marcado por el humanismo, y más tarde escritor de novelas sensuales. También autor de libretos para kabuki.

Página izquierda:

El destino de la señora Yuki.

La belleza y la muerte.

Mizoguchi ama los signos pero desconfía de los símbolos. Su preocupación es quedarse en los límites de la abstracción y evitar la redundancia. Así, cuando Yuki, decepcionada por su protegido, el artista, y al no soportar haber quedado embarazada de un esposo innoble que le ha hecho perder dignidad, honor y fortuna, decide suicidarse arrojándose al lago, Mizoguchi filma el ahogamiento desdramatizándolo con un plano secuencia fluido y lateral que concluye en una elipsis de un pudor impregnado de secreta violencia.

Como la Shintoho no mantiene su promesa para la realización de la película basada en Saikaku Ihara, Mizoguchi regresa a la Daiei y adapta *Un corte en los juncos*, de Junichiro Tanizaki,[22] con el título de *Señorita Oyu* (Oyu-sama, 1951). La acción transcurre al final de la era Meiji. Kinuyo Tanaka encarna a Oyu, una viuda que no puede volver a casarse antes de criar a su hijo, mientras su hermana desposa al joven enamorado de ella. El trío vive en la castidad. Tras la muerte

22. Junichiro Tanizaki (1886-1965), natural de Tokyo, autor de novelas inmersas en un ambiente onírico y erótico. Ichikawa y Masumura lo adaptarán al cine.

El destino de la señora Yuki.
Corrupción y embaucamiento.

El teatro japonés

Mizoguchi era un apasionado de todas las formas del teatro japonés. A menudo se inspiró en ellas como tema para sus películas o referencia estética para su puesta en escena. Así pues, nos ha parecido útil elaborar un léxico comentado de las denominaciones de las principales formas teatrales en Japón.

Bugaku. Espectáculo musical y de danza de origen chino, aparecido en Japón durante el siglo VIII y reservado a la nobleza. Los intérpretes actúan con el rostro descubierto, salvo cuando encarnan personajes mitológicos.
Bunraku. Teatro de marionetas que se desarrolló en el siglo XVI en Osaka. El manipulador de estas muñecas de tamaño humano es visible en el escenario. Un recitador (*Joruri*) comenta y canta la acción dramática.
Gigaku. Importados del continente, se trata de espectáculos callejeros que se interpretaban con máscaras en una suerte de bacanal.
Joruri. Originario del siglo III, son canciones de gesta declamadas por un recitador acompañado de músicos.
Kabuki. Surgido en el siglo XVII, esta forma de teatro profano se distingue por el hecho de que todos los papeles de mujeres son interpretados por hombres. Los temas representados en el escenario abarcan melodramas o comedias realistas.
Kagura. Espectáculo de danza de origen religioso.
Kei-engeki. Forma de teatro popular de los años veinte y treinta que se parece a la comedia ligera de estilo occidental.
Ken-geki. Teatro épico que incluye duelos con espada.
Kyogen. Farsa bastante grotesca que sirve de interludio cómico en los espectáculos de Nô.
Nô. Teatro tradicional surgido en el siglo XV, muy cercano a la tradición budista. Sus reglas son muy estrictas: máscaras de madera, música refinada tocada por pocos instrumentos, presencia de un coro, modalidades de interpretación. Los papeles femeninos son interpretados por hombres.
Sangaku. Espectáculo de feria en el que los narradores se acompañan con un laúd de cuatro cuerdas (biwa).
Shimpa. Forma moderna de kabuki, con voluntad de realismo.
Shingeki. Teatro moderno con repertorio internacional.
Shomen-geki. Teatro popular de la era Meiji, basado en la comedia costumbrista.

En el transcurso de su carrera, Mizoguchi trabajó en diversos géneros cinematográficos. En Japón, los géneros se declinan según las siguientes denominaciones.

Bake-mono. Film de fantasmas.
Chambara o Ken-geki. Film de aventuras que incluye samuráis y duelos a espada.
Edo-mono. Film sobre el período Edo (1615-1868).
Geido-mono. Film sobre el mundo del teatro.
Geindai-geki. Film de temática contemporánea.
Geisha-mono. Film sobre las geishas.
Jidai-geki. Film de tema histórico.
Lupen-mono. Film social sobre el lumpen.
Meiji-mono. Film ambientado en la era Meiji.
Minato-mono. Film cuya acción transcurre en un puerto.
Ninkuo-eiga. Filmes de caballería antigua o moderna.
Pan-pan-mono. Film sobre la prostitución.
Pink-eiga. Film erótico.
Sengoku-jidai. Film ambientado en la época Sengoku (1400-1600).
Shomin-geki. Film que versa sobre el pueblo llano.

Páginas anteriores:

Señorita Oyu.

La opresión de los deseos.

Arriba:

Señorita Oyu.

Tragedia de un trío amoroso.

de su hijo, Oyu se marcha y su hermana muere al dar a luz a un niño que el padre deposita en el jardín de Oyu antes de huir llorando entre los juncos. Esta tragedia se centra en la feminización gradual de un joven que busca una madre amante, poco atraído por una dulce virgen.

Esta trilogía "literaria" de aroma erótico concluye con *La dama de Musashino* (Musashino fujin, 1951), producción de la Toho basada en una novela contemporánea de Shohei Ooka[23]. El tono es diferente. Aunque sigue presente el elemento elegíaco, se confronta con escenas sórdidas y duras que transcurren en la gran ciudad. Además, todo se plantea en relación a la historia reciente de Japón: fin de la guerra mundial, regreso de los soldados, pérdida del ideal, mercantilismo. La oposición entre la tradición y las mutaciones de un país bajo influencia americana se insinúa como eco en los cruces en torno al dinero y al deseo de adulterio. Este tema de vodevil o de melodrama tradicional nos presenta un film en el que Mizoguchi opera con trazos secos.

23. Shohei Ooka (1909-1988), natural de Tokyo, estudia en Kyoto y se convierte en escritor tras la II Guerra Mundial; relata sus años de cautiverio en campamentos militares y más tarde se orienta a la novela costumbrista.

Estas tres obras sobre el deseo, la frustración, las decepciones humanas, la naturaleza amenazante de la muerte, adoptan la apariencia de dibujos al carboncillo en el que el sentido del boceto, la perspectiva proclive al rechazo de las curvas en beneficio de líneas cortantes y el uso de falsos colores revelan los estados del alma de los protagonistas. Mizoguchi se encuentra en plena depuración.

Destino de una cortesana

A partir de 1950, la producción cinematográfica japonesa rueda unos doscientos treinta filmes anuales. El acontecimiento más notable de este período es el León de Oro que obtiene la producción Daiei *Rashomon*, de Akira Kurosawa, en el Festival de Venecia de 1951, y luego su consagración americana con el Oscar a la mejor película en lengua extranjera. El director de ese estudio, Masaichi Nagata, ve en ello una apertura a la exportación y relanza la realización de películas "históricas" con vistas a satisfacer el apetito de exotismo del público internacional. Aprovechando esta situación favorable, Kenji Mizoguchi puede al fin llevar a la pantalla *Una mujer de placer* con el título *La vida de O-Haru, mujer galante*. La Koi Production se lanza a la aventura con la única garantía de un contrato de distribución de la Shintoho. Yoshikata Yoda condensa los episodios del libro cuya acción transcurre en la era Edo. Kinuyo Tanaka interpreta el papel principal, pero el rodaje es difícil porque Mizoguchi se niega a tener en cuenta el presupuesto y busca la perfección en todos los aspectos.

El film relata, en *flash-back*, la vida de la hija de un samurái, que el destino transforma en mercancía sexual, asunto que resume los temas que el autor ha trabajado siempre: prostitución, opresión social, brutalidad y cobardía de los hombres, imagen negativa del padre, destino trágico y sin salida.

O-Haru se nos muestra como una víctima en muchos niveles, incluso por su naturaleza sensual, que le impide resistirse a los hombres. Por esa razón, se deja explotar, con o sin su consentimiento, en una sociedad en la que ha perdido su lugar infringiendo las leyes de su casta. Tan sólo es un objeto de placer para las diferentes imágenes del padre que se encuentra: rico señor que le paga para tener un hijo suyo, mercader libidinoso, etc. En cuanto a su progenitor, no es sino su proxeneta.

En el rodaje de
La vida de O-Haru, mujer galante.

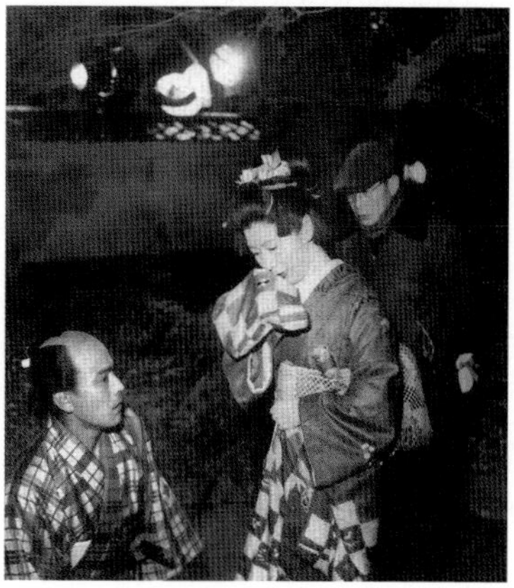

Kinuyo Tanaka, sublime como O-Haru.

Mientras quienes detentan el poder la rechazan tras haber abusado de ella, quienes la aman sinceramente son asesinados –ejecución del amante, asesinato del marido– o detenidos por la policía, como el ladrón, los dos últimos con un parecido físico marcado por la feminización. Aparecen en la ficción después de que O-Haru ha dado a luz a un niño que le arrebatan y son dos imágenes desplazadas de ese hijo. Además, los pierde como ha perdido al hijo, porque la sociedad la quiere como amante, no como madre, pues su cuerpo pertenece al ámbito de la demostración estética en tanto prototipo de la perfección: si el señor la contrata para tener un hijo es por su parecido al retrato de la mujer ideal según el imaginario del poder masculino. Este estado de mujer deseable constituye su valor mercantil, incluso para el cliente acanallado del burdel que compra falsos sentimientos con dinero falso. Sus padres no se equivocan al respecto. Impiden que muera para rentabilizarla.

Esta apariencia física, pero destruida, es la que se exhibe a los peregrinos como antídoto al deseo sexual cuando O-Haru

El intento de suicidio de O-Haru

La vida de O-Haru, mujer galante

Esta escena está rodada en un solo plano con la ayuda de una grúa que permite la amplitud y las variaciones del movimiento en el espacio. Tiene lugar después de que la protagonista se entere de la decapitación de su primer amante y trate de suicidarse con un puñal. Su madre lo impide. Entonces la vemos salir de la casa y correr por el jardín con la intención de matarse. Su madre la persigue para sujetarla. La situación dramática está filmada con distancia en un soberbio paisaje que sirve de decorado y cuya calmada belleza contrasta con la dureza de la acción. O-Haru atraviesa ese lugar sereno expresando un inmenso dolor y una desesperación absoluta. Pasa entre los árboles, entre los rayos de luz, intenta apuñalarse, arrojarse al pozo, siempre perseguida por su madre aterrada. Su desenfrenada carrera anuncia su vagabundeo durante el resto del film. Irá de un lugar a otro sin poder establecerse en ninguna parte, sin conocer la paz ni una felicidad duradera. Pero aquí, Mizoguchi también nos muestra un cuerpo en movimiento, un cuerpo codiciado sin tregua por los hombres pero anhelado sólo para el placer sexual o la maternidad. Un extraño sentimiento de debilidad y fuerza se desprende de esta mujer que busca la muerte para unirse a su amante, que acaba de ser ejecutado por el verdugo. La propia duración de la secuencia aumenta esa sensación de vértigo en el espectador.

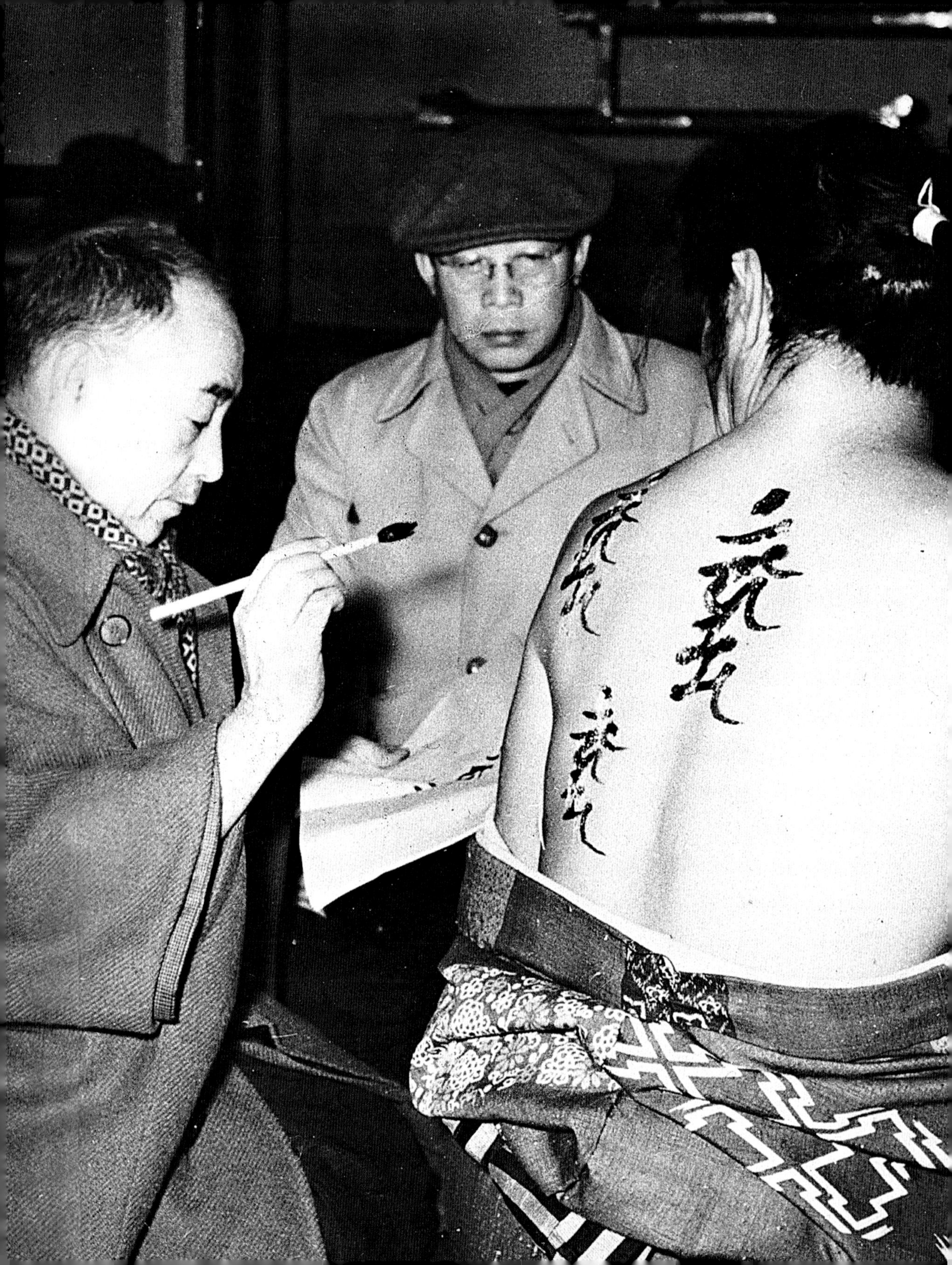

se vende por su cuenta bajo el maquillaje y el artificio, único momento –terrible– en el que acepta mentir a los otros, porque sus diversas desgracias proceden de la sinceridad de sus pulsiones y de las leyes humanas de su deseo sexual.

Página izquierda:

Inscripción de una oración en la piel en *Cuentos de la luna pálida de agosto.*

En el Festival de Venecia en 1952, la película triunfa y comparte el León de Plata con *El hombre tranquilo* (The Quiet Man, 1952), de John Ford, pero el grueso de la crítica internacional saluda ingenuamente su encanto exótico sin comprender el propósito estético y moral del cineasta.

Más lúcido que sus compañeros, Jacques Doniol-Valcroze comprende la parte cruel y oscura del film: "En realidad, el film no pertenece en absoluto al género exquisito. En él asistimos, fundamentalmente, a sentimientos agrios, violentos y groseros; la joven O-Haru, atrapada entre la avidez de sus padres, la lubricidad y los celos de los hombres, envejece progresivamente entre tanta ordalía"[24].

24. Jacques Doniol-Valcroze, "Le trompe-l'oeil", *Cahiers du cinéma*, nº 16, octubre de 1952.

Lo visible y lo invisible

Descubierto por el público occidental, Mizoguchi regresa a la Daiei de su amigo Masaichi Nagata y disfruta de una libertad creativa total para dirigir *Cuentos de la luna pálida de agosto* (Ugetsu monogatari, 1953), que sintetizará toda su búsqueda estética. Partiendo de dos relatos de Akinari Ueda[25] y de un cuento de Guy de Maupassant, este hermoso film analiza las aspiraciones y los desengaños de cuatro personajes en el corazón de una guerra feudal, pero borra lo que este proyecto tiene de demostrativo o de simbólico en el plano ideológico y humanista. Por supuesto, el tema condena claramente la guerra, la avaricia, la ambición mezquina y la prostitución, pero sólo a través de la puesta en escena.

25. Akinari Ueda (1734-1809), natural de Osaka, poeta y autodidacta apasionado por la literatura china.

El encadenamiento de las secuencias no responde nunca a leyes narrativas tradicionales o de orden literario. Su estructura obedece a las modulaciones de la poesía o de la música.

Mizoguchi decía: "La imagen debe poder expresar la sensación del olor y la del tacto. Un film ha de poder ser otra cosa que la mera expresión psicológica. Es necesario que las palabras y los gestos correspondan exactamente al sentimiento de los personajes. Es necesaria la emoción, no el comentario"[26].

26. "Avant le tournage", entrevista con Hajime Takizawa, Eiga Hyoron, diciembre de 1952.

Cuentos de la luna pálida de agosto también es una historia muy legible para el espectador. Dos parejas sufren la guerra y pierden sus ilusiones viviendo terribles experiencias. Muere

Testimonios

Yoshikata Yoda (guionista). "Cuando me pedía escribir un guión, siempre me decía: "No olvides el contexto social". Para nosotros, hombres de izquierda, este aspecto era esencial. Durante toda su vida, Mizoguchi se reveló contra la fuerza y la opresión; toda su vida estuvo del lado de los oprimidos. Nunca cambió. Todos sus filmes abordan un problema social. En *La vida de O-Haru, mujer galante*, la progresiva decadencia social; en *Cuentos de la luna pálida de agosto*, la destrucción del hombre por la guerra; en *Los amantes crucificados*, la resistencia a la moral tradicional. Justo antes de morir trabajaba en *Osaka monogatari* ("Historia de Osaka"), y yo trabajaba el guión con él. Era la historia de un hombre que ama el dinero y acaba destruido por él."

Koichi Tagaki (ayudante de Mizoguchi de 1934 a 1941). "Cuando filmaba no podía dormir por la noche. No tenía guión técnico; toda la noche daba vueltas sin parar en su cama, repitiendo cada escena, interpretando todos los papeles… No tenía guión técnico porque trabajaba según el célebre sistema *one scene one cut* (plano secuencia) y a veces *two scenes one cut*. Por lo tanto, la víspera de la filmación tenía que preparar esas largas escenas. En el guión tan sólo apuntaba la psicología de los personajes, algunas indicaciones del decorado, pero no los movimientos de los actores ni de la cámara. Es muy simple, a veces escribíamos el guión técnico una vez acabada la película."

Kinuyo Tanaka (actriz y directora, 1909-1977).
De las doscientas películas que rodó en su carrera –debutó a los quince años bajo la dirección del joven Hiroshi Shimizu (1903-1966), con quien se casó–, aparece en trece de Kenji Mizoguchi. Esta mujer intelectual y "comprometida" trabajó con los más grandes autores del cine japonés: Gosho, Ichikawa, Kinoshita, Kinugasa, Kobayashi, Kurosawa, Naruse, Nomura, Ozu, Saito, Shindo, etc. También tuvo el privilegio de ser la protagonista femenina del único film realizado en 1932 por la estrella internacional Sessue Hayakawa. En 1953 se convirtió en la primera directora

Cinco mujeres alrededor de Utamaro.

japonesa con Carta de amor *(Koibumi) y dirigió otras cinco películas hasta 1962. Corre el rumor de que Kenji Mizoguchi rompió relaciones con ella porque se convirtió en directora.*
"Para empezar, Mizoguchi nos distribuía una superficie de interpretación, un determinado espacio. En ese lugar podíamos hacer lo que quisiéramos desde el punto de vista de la ubicación espacial. Si la interpretación propiamente dicha no le gustaba, se plantaba ante el actor y hablaba con él de los aspectos psicológicos del personaje. Pero si el actor lo hacía mejor de lo que esperaba, lo reconocía sinceramente: era magnífico cuando lo hacía. A priori no daba ninguna indicación y respetaba mucho a los actores, al contrario de lo que se cree. Siempre decía: "Sed el espejo del personaje, reflejadlo, sed naturales". Trabajé con él durante dieciséis años y se lo escuché decir cientos de veces, ¡pero aparte de eso no

decía mucho más!"

Hiroshi Mizutani (decorador, pintor y guionista, 1906-1971). *Debuta en el cine en 1929, aborda el guión en 1930 y más tarde se acantona en la función de decorador y director artístico. Su colaboración con Mizoguchi comienza en 1933.* "Mizoguchi explicaba lo que quería de forma tan abstracta que era frecuente que los decoradores tuvieran que reconstruir completamente sus decorados, tres o cuatro veces. Esto no me llegó a ocurrir: era muy prudente, y no construía el decorado hasta que estaba plenamente seguro de lo que él quería. ¡Mizoguchi era el mejor director de orquesta, pero para los mejores músicos!"

Ariane Mnouchkine, "Six entretiens autour de Mizoguchi", *Cahiers du cinema*, nº 158, agosto-septiembre de 1964.

Decorados para El héroe sacrílego.

Cuentos de la luna pálida de agosto (material publicitario).

una mujer. La otra debe prostituirse antes de reformar a su compañero. Uno de los hombres miente para obtener la gloria. El otro busca la riqueza y se deja hechizar por el fantasma de una princesa que quiere arrastrarlo al más allá. Cuando vuelve a casa, lo recibe el fantasma de su esposa, que le confía a su hijo antes de partir al reino de las sombras.

Desde el punto de vista cinematográfico, es nuevo el hecho de que Mizoguchi hace brotar lo impalpable gracias a una escritura en la que el movimiento lateral de la cámara revela lo invisible para conmover y perturbar al espectador. Su trabajo se parece al de un alquimista que busca el secreto del mundo.

Luc Moullet ha comprendido perfectamente la experiencia –en todo el sentido del término– de Mizoguchi ante lo invisible: "A cada escena le corresponde otra escena semejante en su temática, pero diferente en su forma: dos asesinatos con lanza, dos apariciones de fantasmas, dos viajes a la ciudad, el alfarero hace girar dos veces su torno, etc. A cada movimiento responde el mismo movimiento en sentido contrario, así en la introducción y el epílogo, la llegada al mercado. Cada gesto, cada movimiento que ordena el creador es la formulación de un prejuicio, una prerrogativa sobre la existencia del universo; el primer reflejo consistiría en cruzarse de brazos y no hacer nada. Por el contrario, Mizoguchi va al encuentro del error, y lo borra al regresar. Con esta ida y vuelta sustituye la nada por aquello que podemos considerar al menos como la presencia de la nada"[27].

La otra particularidad de este film es que en él Mizoguchi aborda el destino de los hombres al mismo nivel que el de las mujeres. A diferencia de sus obras anteriores, su puesta en escena les ofrece una parte equivalente, indudablemente porque en este caso ellos son tan víctimas como ellas, aun cuando son más culpables del desastre que ellas padecen.

Del mismo modo, da la impresión de que también ha cambiado la mirada que Mizoguchi proyecta sobre el mundo. Aunque todavía aparece una realidad sórdida en *Cuentos de la luna pálida de agosto*, una serenidad casi dulce difumina esos elementos. Ni el virtuosismo técnico ni el esplendor de lo bello buscan la seducción en este film único en el que las tradiciones del kabuki son marginadas por la introducción de las figuras espectrales del Nô.

27. Luc Moullet, "Les Contes de la lune vague", *Cahiers du cinéma*, nº 95, mayo de 1959.

Trilogía de la esclavitud

La crítica internacional reconoce ahora a Mizoguchi y sus películas son regularmente recompensadas en el Festival de Venecia. Con *Cuentos de la luna pálida de agosto*, ha alcanzado la quintaesencia de su búsqueda. Su seguridad estética es total y la pone al servicio del rechazo a toda forma de opresión.

Japón vive una expansión económica, pero la presencia del ocupante americano provoca disturbios y los manifestantes piden la marcha de las tropas aliadas. Desde el punto de vista social, la evolución de las costumbres no cambia los sistemas de esclavitud inscritos en la sociedad. El capitalismo los ha reproducido de forma hipócrita en la sociedad de posguerra. Masaichi Nagata constata que los filmes sobre la prostitución seducen al público nacional mientras que las películas históricas encuentran su audiencia en Europa.

Pide a Mizoguchi que trabaje en ambas tendencias.

Así pues, el cineasta rueda *Los músicos de Gion* (Gion

Cuentos de la luna pálida de agosto.
Fantasmas y víctimas.

Plano secuencia y melodrama

El plano secuencia

Consiste en rodar una escena en continuidad, sin insertar planos cortos o el recurso del campo/contracampo. Mizoguchi comentó esta opción estilística.

"Empecé a utilizar la técnica del plano secuencia, que consiste en no cambiar de plano durante toda la secuencia, con la cámara a una cierta distancia. A menudo estas largas secuencias molestan al espectador; así, un profesor de psicología de la Universidad de Kyoto me paró un día para decirme que esa técnica no era más que un sinsentido en relación a la psicología del espectador; parece, según él, que éste se aburre si una escena de cinco minutos está compuesta de forma estática. Sin embargo, al adoptar semejante método no he tenido la más mínima intención de representar un estado estático de una psicología cualquiera. Al contrario, llegué a ello de forma muy espontánea, en mi búsqueda de una expresión más precisa y específica de los momentos de gran intensidad psicológica. En la curva de una escena, si acaba de surgir, con una densidad creciente, un "acorde" psicológico, no puedo cortarlo repentinamente y sin remordimiento; así que intento intensificarlo prolongando la escena el tiempo que sea posible. Y así es como nace esa técnica de puesta en escena; no he empezado a practicarla a conciencia ni por el placer de la novedad. En mi caso, que durante mucho tiempo no conseguí superar el estilo de la puesta en escena del cine mudo, me vi naturalmente abocado a elegir esa técnica por el mero deseo de evitar el método clásico, pero manido, de la descripción psicológica mediante el primer plano."

Entrevista de Mizoguchi con Tsueno Hazumi, *Cahiers du cinéma*, nº 116, febrero de 1961.

Mizoguchi y el melodrama

El melodrama se desarrolló con el romanticismo y se instaló en el teatro popular. Desde sus inicios, el cine se apoderó de él. En todo el mundo, el cine ha mostrado destinos trágicos y amores contrariados. Las producciones americanas y europeas han explotado con éxito ese género. Marcado por la literatura de la era Meiji y los grandes autores franceses, Mizoguchi enseguida casó este modo de expresión con el arte tradicional de su país, representando a mujeres perdidas, hombres cobardes y vidas destruidas. Su admiración por directores americanos como Josef von Sternberg no le influyó en el aspecto estético. Rechazando la sofisticación y el barroco a veces relacionado con el género, le confiere una dimensión realista y social que prefigura lo que los italianos impondrán, en 1945, con el neorrealismo. Así pues, la mayoría de sus filmes son melodramas en los que la mujer es siempre víctima de los hombres y sus leyes. Pero nunca juega a los conceptos moralizantes o facilones que a menudo constituyen el propósito de este tipo de producciones. Evita el maniqueísmo esquemático, rechaza el *happy end* y retrata a los seres con dureza y lucidez; no les deja otra salida que la decadencia y la muerte. Encuentra así la grandeza de las tragedias griegas y la negrura de las novelas de la escuela naturalista, tendiendo un espejo revelador.

Los músicos de Gion.

bayashi, 1953), una nueva versión de *Las hermanas de Gion* trasladada a la época contemporánea y que privilegia el papel de las alcahuetas. Aunque los padres siguen siendo incapaces de salvar a sus hijos y los hombres continúan siendo libidinosos, ávidos y apáticos, es la patrona del burdel la que ahora tira de los hilos. La esclavista moderna. Sin ella, no hay crédito ni cliente.

El film muestra el dilema de una joven que se niega a venderse y empuja a hacerlo a quien actúa como su madre; forma con ella una pareja enamorada al satisfacer el chantaje de su patrona. Aunque menos dura que la versión de 1936, la obra culmina con una decisión desesperada por sobrevivir.

La compasión aquí presente desaparece en el film realizado un poco más tarde sobre un tema cercano ambientado en la época contemporánea: *La mujer crucificada* (Uwasa no onna, 1954). Esta vez la imagen del padre está ausente. La sustituye la madre. Es la encargada de un burdel, y por lo tanto esclavista moderna. Su hija se reúne con ella y no le oculta su asco al verla ejercer esa profesión. En esta obra

Rodaje de *Los músicos de Gion.*

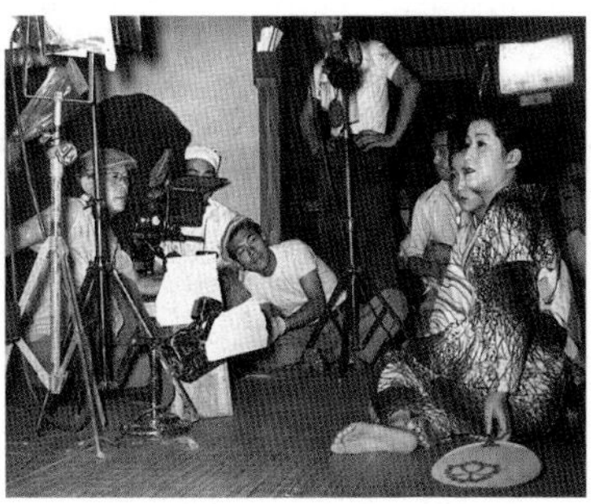

La mujer crucificada.

Apatía del hombre venal.

dura, el hombre es joven, un médico gigoló –un prostituto– que se deja mantener por la madre y seduce a la hija que ignora la situación. Ambas comprenderán su engaño, lo excluirán de la célula familiar y se unirán en el odio a los hombres, como en *Los músicos de Gion*. Más tarde, la madre caerá enferma y su hija retomará la dirección del burdel, convirtiéndose así en una nueva esclavista.

Entre estos dos filmes sobre la prostitución, Mizoguchi adapta una novela de Ogai Mori[28] que transcurre en el siglo XI: *El intendente Sansho* (Sansho dayu, 1954). En esta película, cada personaje masculino remite a otro, como en un espejo. Hay dos padres: el gobernador, ejecutado por haber apoyado la rebelión de los campesinos, y el intendente Sansho, que ejerce la potestad sobre la vida y la muerte de sus esclavos. Hay dos hijos: el de Sansho, que se rebela con-

28. Ogai Mori (1862-1922), de verdadero nombre Rintaro Mori, vive en Alemania en su juventud y simultanea las carreras de médico y escritor.

tra su padre pero elige la religión por cobardía, y Zushio, el del gobernador, que colabora con los verdugos antes de tomar conciencia de su ignominia y reducirlos a la nada.

En cambio, las mujeres carecen de doble. La madre de Zushio lo pierde progresivamente todo: marido, dinero, hijos, libertad, honor, y por último su vida. La hermana de Zushio, Anju, se sacrifica para que éste pueda escapar. Los hombres son aquí el vehículo de la acción –algo poco usual en Mizoguchi–, pero son las mujeres las que pueden cambiar el destino. La madre preserva a los dos hijos con valentía y les evita lo peor hasta que una falsa sacerdotisa la traiciona entregándolos a los mercaderes de esclavos. Y Anju cambia la vida de su hermano antes de darse muerte.

En este film, Kenji Mizoguchi exhibe un pesimismo sin resignación y denuncia las opresiones que le sublevan. Sin embargo, sus siguientes obras estarán menos marcadas por la cólera.

Abajo y más abajo:
El intendente Sansho.

La muerte de Anju

El intendente Sansho

La naturaleza y la muerte viajan juntas en la obra de Mizoguchi. En ella, el agua es el lugar de la aniquilación y la angustia. Un lago es el escenario donde los personajes de *Cuentos de la luna pálida de agosto* reconocen los signos de la muerte, donde Yuki se quita la vida y Anju se suicida ahogándose en *El intendente Sansho*. Lo que asombra en estas escenas es su calma. El agua de un lago está estancada, como una presencia inmóvil. La cámara acompaña a quien se adentra en ella, se aparta cuando se arroja o permanece fija mientras se hunde. Si Mizoguchi tiene el pudor de no mostrar la muerte de Yuki porque esta mujer actúa impulsada por el cansancio y la tristeza, enseña la de Anju porque la joven escoge esta solución para proteger la huida de su hermano. En el caso de Yuki, es un gesto de desesperación; en el de Anju es un sacrificio por la vida del hermano. Anju se dirige al centro de un estanque situado en un magnífico paisaje. Entra en armonía con la naturaleza e ingresa en el agua recordando la canción de su madre. Mizoguchi opera un *raccord* –de un modo muy raro en su estilo– para encuadrar de cerca a Anju conforme avanza en el estanque. Se nos muestra como un fantasma que se funde con el agua, pero el plano siguiente rompe esa armonía al mostrarnos a Kayano de lejos, arrodillado en la sombra del bosque, como en una plegaria fúnebre. Luego, el siguiente plano nos sorprende: Anju ya no está ahí. El agua del estanque ya no permanece inmóvil; las ondas revelan que ha engullido a la joven en su presente eterno.

Una obra maestra desconocida

En pleno milagro económico, el Japón de 1954 recupera sus viejos demonios. Una campaña política pretende hacer renacer el fascismo restableciendo la autoridad del emperador y creando una fuerza de defensa nacional.

Pronto los cineastas combaten esta tendencia y ruedan filmes comprometidos o antimilitaristas. Otros sirven, todopoderosos, a la ideología resurgente del nacionalismo. Sin embargo, la mayoría de los estudios ruedan películas de género: policíaco, cómico, melodrama, sagas de samuráis y ciencia-ficción.

Mizoguchi mantiene su postura –no realizar filmes militantes– y adapta *Los amantes crucificados* (Chikamatsu monogatari, 1954), un texto de Monzaemon Chikamatsu[29]. Es quizá su único film enteramente dedicado a una pareja que comparte un amor loco en el adulterio y la huida. Diferente del resto de su obra en el plano temático, este film sorprende en muchos aspectos, para empezar por su puesta en escena, que pretende producir la identificación emocional del público concentrándose en captar la corriente de amor en los gestos y las miradas de los amantes, revelando así la belleza de su alma y su naturaleza.

Evidentemente, Mizoguchi sigue mostrando hombres avarientos, desleales y cobardes, pero es menos violento con los padres y las madres. Como si la fuerza de la pasión de la pareja los desconcertara, ya que esa mujer y ese hombre transgreden las normas sociales y morales renunciando al doble suicidio para vivir su amor. Se consumen en el presente con el deseo de salvar al otro de lo peor, pero en la incapacidad de separarse de él. Cada segundo es un aplazamiento sensual respecto a la muerte.

Pocas películas han tratado así la turbación impalpable del deseo compartido. Un centelleo de kimono, un gesto de protección apenas palpable, la caricia de las miradas y los silencios orlados de suspiros tenues y portadores de intensidad erótica contribuyen a elevar la admirable puesta en escena a la quintaesencia de la expresión artística. Kenji Mizoguchi, que no dejó de acusar al hombre de una debilidad de origen, en esta ocasión encuentra el absoluto del amor como último revelador de la naturaleza humana. Ninguna revolución radical en su trayectoria. La evidencia de que existe la belleza de los sentimientos.

Los amantes crucificados (material publicitario).

29. Monzaemon Chikamatsu (1653-1724), autor de teatro de marionetas, transformó el kabuki. Se le considera el Shakespeare japonés.

Página izquierda:
Los amantes crucificados.
Triunfo trágico del amor.

Rodaje de *La emperatriz Yang Kwei-Fei.*

Los colores del poder

En cuatro años, el cine japonés se impone al mundo. Empieza incluso a practicar una política de coproducción con Estados Unidos, Francia, Alemania, Italia y otros países. Comprometida en este empeño, la Daiei se asocia con los estudios Shaw de Hong-Kong para *La emperatriz Yang Kwei-Fei* (Yokihi, 1955), cuya dirección se confía a Mizoguchi.

Puesto que el Festival de Cannes había concedido la Palma de Oro a su producción *La puerta del infierno* (Jigokumon, 1953), de Kinugasa, insistiendo en la belleza de sus colores, Masaichi Nagata pretende extender este procedimiento a todas sus películas históricas. Mizoguchi acepta el desafío y experimenta una musicalidad de colores inspirada en las pinturas y acuarelas del arte chino. En cambio, el tema del film no le conviene debido a las convenciones que perduran desde hace siglos. La confrontación de las ambiciones políticas de los miembros de la corte de China con el amor de un emperador por su esposa procedente de la nobleza le irrita. Decide entonces convertirla en plebeya y escora su discurso sobre la oposición del pueblo y del poder privilegiando una dulzura exquisita en las tiernas relaciones de la pareja imperial, para acabar alcanzando una tragedia con aires de ópera romántica. Toca así sus temas favoritos, pues la mujer es víctima de las convenciones y tradiciones de la sociedad al margen de su rango y de la sinceridad de sus sentimientos.

Como siempre en Mizoguchi, la violencia nunca se muestra en su finalidad. Transcurre, en esencia, fuera de campo, lo que ratifica la voluntad de señalar la violencia más que de conmover al público con su espectáculo. La elipsis vehicula toda la dinámica de los planos y disemina signos que configuran los motivos esenciales del tapiz. El estilo de la puesta en escena también obedece a la musicalidad de los colores.

Hay escenas compuestas por muchos planos, pocos planos secuencia y una teatralidad confirmada por el rodaje en estudio. Pero el refinamiento formal del estilo sólo elimina en apariencia la parte realista del film, porque tras esas muselinas brillantes, esos trajes tornasolados, esos decorados suntuosos y esas gracias infinitas, la película trata la imposibilidad de vivir el amor ideal frente a todos los poderes y, al final, el emperador, despojado de su carga política y de su cuerpo, encuentra en la muerte a aquella que ama. Así

Página derecha:
La emperatiz Yang Kwei-Fei.

El comienzo de *El héroe sacrílego*

Esta secuencia está construida según un guión técnico clásico en el que los planos fijos alternan con movimientos de cámara más o menos largos. Es una exposición de la situación de partida de este film, que posee un guión complicado pero cuya mera puesta en escena ofrece toda la información esencial con una eficacia irrefutable. El color y la elección del vestuario sitúan el poder y el papel de los personajes que el encuadre aprisiona en las leyes que los rigen según un orden establecido por castas y jerarquías. Están los insurrectos del pueblo, los comerciantes inquietos, los soldados agotados por sus combates y los monjes arrogantes. Estos últimos imponen su poder a todo el mundo y desvían el desfile militar de los vencedores de los bandidos en favor de la exhibición de sus palanquines sagrados. Percibimos ya que el "héroe sacrílego" no se someterá por mucho tiempo a ese juego de apariencias opresivas. Los planos en picado y contrapicado lo subrayan con rigor.

pues, sólo los espíritus, los fantasmas, pueden acceder a la felicidad absoluta.

Pero esta forma de serena resignación desaparece de su siguiente film, *El héroe sacrílego* (Shin heike monogatari, 1955), adaptación de un texto del siglo XIII en el que el personaje principal es un hombre. Este dispositivo existía en *El intendente Sansho*, pero se conjugaba con el doloroso destino de las mujeres. Aquí se invierte el punto de partida de la tragedia. La madre es vil, avara y odiosa. Representa el fermento de todas las corrupciones. Colabora con la opresión, a la vez amante de un emperador y de un monje libertino, madre del hijo bastardo del emperador, que un samurái reconoce como propio tras un matrimonio ordenado por el poder. Es, por último, una cortesana incapaz de un amor que no sea carnal, que se ofrece con un objetivo socio-económico.

El héroe sacrílego.

El hijo es el centro de este film, de una estructura compleja debido al uso de *flahs-backs* introducidos con menos aspereza que en *El intendente Sansho*. La relación "padre-hijo" aparece como una de las escasas figuras de relación paterna con un valor positivo para Mizoguchi, aunque sea una armonía entre un hijo y su padre adoptivo. Pero este hijo no se apoya en las sumisiones de su casta. Rechaza las imágenes políticas del padre como el emperador y los dioses. Se alía a la clase emergente del mundo feudal, los comerciantes, tercer poder junto a los religiosos y los nobles. Puesto que su comportamiento es sacrílego en una situación impuesta, llega al radicalismo. Dispara con arco por encima de los palanquines sagrados, ganando así la estima del pueblo, y jura combatir la corrupción.

Mizoguchi parece adoptar la rebelión y los actos de este personaje, pero se abstiene de aprobar la ideología de manera partidaria o de subrayar, mediante una metáfora crítica o revolucionaria, la situación contemporánea de Japón, aunque su puesta en escena establece un vínculo entre pasado y presente. El empleo de los colores, del plano secuencia, de la elipsis, del montaje entrecortado no sólo crea una belleza permanente sino que señala la posición ideológica de un personaje sumido en una situación de mentira, opresión y rebelión frente al orden establecido. El film también se teje en las armonías desmembradas de los cromatismos en pastel o claroscuro, en los combates que no presenciamos y en aquellos que acaban antes de tiempo, por ejemplo, el del héroe, al final, contra los sacerdotes en armas. Más que nunca, el estilo de Mizoguchi basta para revelar una realidad atemporal, de todos los lugares y épocas. La realidad de la opresión.

El sexo y el dinero

El esplendor plástico de ambas películas en color las sitúa como cimas del arte cinematográfico para la crítica internacional, pero no para Mizoguchi. Teme ser considerado un formalista y pretende abandonar esa etiqueta rodando una adaptación de Saikaku Ihara, *Historia de Osaka*. Antes de ello, el deseo de volver a un tema contemporáneo le lleva a rodar otro film sobre la prostitución, *La calle de la vergüenza* (Akasen chitai, 1956). Este tema le obsesiona por razones vinculadas a su propia biografía, pero también porque

Página derecha:

La calle de la vergüenza.

La avaricia y la carne.

El pan-pan mono

Este término se empleó tras la II Guerra Mundial para designar películas cuya acción transcurre en los ambientes de la prostitución, pero Mizoguchi ya había realizado filmes con esta temática en los años treinta.
La designación del universo de las mujeres venales había marcado a la novela occidental desde *La casa Tellier* de Guy de Maupassant y *Nana* de Émile Zola. Paralelamente a una literatura picante de segunda división, autores como Francis Carco y Georges Simenon cimentaron una parte de su obra en este tema, pero el cine no lo abordaba directamente desde el interior, prefiriendo dedicarse a sus periféricos: trata de blancas, crímenes y destinos solitarios. Aunque algunos directores desafiaron sin embargo a la censura situando escenas de sus filmes en burdeles, como Pabst, Stroheim, Von Sternberg, hubo que esperar a finales de los años cuarenta para que el tema se convirtiera en un "género" frecuentemente propicio a mostrar escenas eróticas dando rienda suelta a un dudoso moralismo. En Japón, el inmenso éxito de la novela *La puerta de carne*, de Taijiro Tamura, dio origen al "pan-pan mono" –*pan-pan* quiere decir prostituta–, que la adaptación cinematográfica de ese libro por Masahiro Mikino y *Mujeres de la noche* de Mizoguchi ilustrarán en 1948. Otros cineastas importantes firmarán "pan-pan mono": Gosho con *Adolescente* (Takekurabe, 1955) y Naruse con *Cuando una mujer sube la escalera* (Onna ga kaidan wo agaru toki, 1960), pero la mayoría de estas producciones se limitarán a la evocación de situaciones escabrosas. Si *La calle de la vergüenza* es el logro más bello en la materia, conviene señalar *Wataridori istu kaeru* (1955), de Seiji Hisamatsu, que fue un éxito en el archipiélago.

La calle de la vergüenza.

La calle de la vergüenza.

Prostitución debida a la miseria.

resume la relación *política* de la mujer con el dinero. Por otra parte, todos sus filmes tratan el dinero como agente de la opresión, sufrida por esposas, actrices o criadas. Esta realidad se pone de relieve en el mundo de la prostitución porque pasa por la venta de su cuerpo a los hombres en un juego de máscaras con reglas bien establecidas. Toda prostitución exige, además, una puesta en escena, con maquillajes y mentiras para la explotación recíproca. Esto procede del teatro y de la comedia humana; aunque es, ante todo, el lugar de todas las tragedias.

Al optar por una ficción en forma de cuadros yuxtapuestos sin otra argamasa narrativa que la amenaza de una prohibición de esta profesión, Mizoguchi recupera aquí lo que le había fascinado en el neorrealismo: obtener la parte documental mediante la ficción a fin de mostrar *lo verdadero*. En este sentido, *La calle de la vergüenza* es un éxito, del que su autor afirmará: "Al fin comprendo cómo el cine puede convertirse en un arte"[30].

30. Yoshikata Yoda, *op. cit.*

En *La calle de la vergüenza*, las mujeres que nos muestra son de una fuerza ejemplar tanto por su profunda sinceridad como por su cinismo lúcido. Y como en Jean Renoir, cada una tiene sus razones para ser como es, pero también porta en sí el sufrimiento que la ha conducido a ese estado. La viuda que debe criar a su hijo. La pobre que quiere hacerse de una dote. La mujer de un hombre enfermo y madre de un bebé que ha de atender a sus necesidades. La avara que se

La calle de la vergüenza.

Imágenes de mujeres.

inicia en el oficio para pagar el aval de su padre. La rebelde que ha huido del domicilio familiar para rechazar la hipocresía burguesa. Y por último, la pequeña campesina que las imita para ganar lo que su familia necesita para vivir. Frente a ellas, los clientes son sentimentales, brutales, blandos, mentirosos y groseros. Unos intermediarios gestionan este universo cerrado: el patrón y la patrona. Pretenden ser una segunda familia y se niegan a que las traten como esclavas.

Fuera del falansterio y del barrio de placer que lo rodea, está la ciudad que Mizoguchi nos muestra en los créditos en una panorámica aérea. En ella se respetan las apariencias y se desprecia a las mujeres a las que sin embargo se visita en el burdel. Por lo tanto, la sociedad es aún más infernal que el lupanar. Se rechaza a la madre hasta volverla loca. Se roba al patrón por pasión sexual. Se explota a la propia esposa como criada. Te expulsan de tu alojamiento a pesar de un marido enfermo y un bebé a tu cargo.

Sobre todo, se miente para salvar las apariencias.

Aquí los padres son abyectos o cobardes. El burdel es la protección elegida por las mujeres contra el mundo del dinero de los hombres. La prueba es que aunque la avara abandona la prostitución para abrir una tienda de tejidos, lo hace en el mismo barrio en que ha trabajado, allí donde sabe cómo circula el dinero y conoce el modo en que se comporta el ser humano. A la inversa, la hija del burgués rechaza de plano a su padre cuando viene a buscarla para que vuelva a casa y salvar el honor familiar; más tarde le provoca tratándolo como a uno de sus clientes, manera aterradora de optar por no abandonar el lugar donde en cierto sentido reina sobre el mundo de los hombres.

Lo que Mizoguchi demuestra no es otra cosa que la gran dignidad de la prostituta, que interpreta la comedia del sexo y del dinero porque ha comprendido que la prostitución es omnipresente en una sociedad hecha por los hombres y para los hombres. Sin embargo, excluye todo discurso moralizador en el film y se limita a mostrar los comportamientos acompañándolos con su cámara. El cine hace el resto. El cine capta la realidad en este guiñol trágico en la puerta del que una adolescente asustada hace señas al espectador del film para que se reúna con ella en el burdel. El destino quiso que el último plano de la obra de Mizoguchi sea esta imagen en la que una chica maquillada como mujer se oculte al mostrarse o se muestre ocultándose, es difícil precisarlo. Salvo que este plano resume la carrera de un cineasta que ha depurado su arte hasta convertirlo en el espejo de lo que constituye la realidad del ser humano: del presente que no puede resistirse al tiempo debido a las leyes sociales, del dinero, del deseo de los otros, del suyo propio y de la lamentable necesidad de disfrazarse de ilusiones.

Por su parte, Jean-Luc Godard escribió a propósito de este cineasta: "El arte de Kenji Mizoguchi consiste en demostrar a la vez que "la verdadera vida está en otra parte" y que sin embargo está ahí, en su extraña y radiante belleza"[31].

Mizoguchi muere de leucemia el 24 de agosto de 1956. Sólo tenía cincuenta y ocho años.

31. Jean-Luc Godard, "Mizoguchi fut le plus grand cineaste japonais. La Cinémathèque lui rend hommage après sa mort", *Arts*, nº 656, 5 de febrero de 1958.

Rodaje de *La mujer crucificada.*

Biografía

1898. El 16 de mayo, Kenji Mizoguchi nace en Tokyo en el barrio de Kanda. Su padre, Zentaro, es carpintero. Su madre, Masa, es la hija de un herborista. Tienen una hija mayor de siete años, Suzu. La familia se instala en Hongo, relicario de Yushima.

1904. Guerra de Japón con la Rusia zarista. Deseoso de hacer fortuna, Zentaro Mizoguchi fabrica abrigos de caucho para el ejército.

1905. Nacimiento de Yoshiko, hermano menor de Kenji. Fin de la guerra. Quiebra de la familia, que se muda al barrio de Asakusa. Zentaro vende a su hija como geisha.

1907. Kenji ingresa en la escuela primaria de Ishihama, donde se hace amigo del futuro escritor Matsutaro Kawaguchi.

1911. Kenji parte a Morioka a casa de su tío. Acabará su escolarización en esta ciudad.

1912. Regreso a Tokyo. Su padre no le deja continuar sus estudios.

1913. Suzu lo toma a su cargo y le encuentra un puesto de aprendiz junto a un diseñador de quimonos.

1914. Kenji asiste a cursos de pintura – acuarela y óleo – en el instituto Aoibashi. Lee las novelas naturalistas francesas: Maupassant y Zola, Tolstoi y los escritores japoneses de la era Meiji.

1915. Muerte de Masa Mizoguchi. Suzu recoge a Kenji y a su hermano Yoshio. Es mantenida por el vizconde Tadamasa Matsudaira, que se casará con ella diez años más tarde y tendrá tres hijas con ella.

1916. Kenji queda fascinado por el primer ministro Shigenobu Okuma, figura del aislacionismo y buen orador. Suzu encuentra trabajo para su hermano en una fábrica de porcelana en Nagoya, pero al llegar a su destino, Kenji pronto vuelve a tomar el tren para Tokyo.

1917. Kenji acepta partir a seiscientos kilómetros de Tokyo para trabajar en un periódico de Kobe, el *Shin-nippo*. Se convierte en diseñador publicitario y redactor de diversas secciones. Publica poemas y se relaciona con Kagawa Toyoshiko, dirigente del sindicato socialista cristiano creado en 1912.

1918. Mizoguchi participa en los "motines del arroz" en Kobe. Durante una manifestación, la policía le golpea y lo encierra en prisión.

1919. De regreso a Tokyo, padece la crisis económica, no encuentra trabajo y pasa su tiempo leyendo y paseando por las calles.

1921. Kenji entra en la Nikkatsu esperando convertirse en actor gracias al apoyo del cineasta progresista Osamu Wakayama, pero la compañía no necesita actores. Pasa a ser ayudante de dirección. Le impresiona *El gabinete del doctor*

Caligari (Das kabinett des Dr. Caligari), de Robert Wiene.
1922. Trabaja para el cineasta Eizo Tanaka, y a continuación dirige su primer film, *El día en que vuelve el amor.*
1923. Firma diez filmes para la Nikkatsu, abandona Tokyo tras el seísmo del 1 de septiembre y va a trabajar en los estudios de Kyoto.
1924. En Kyoto, Kenji vive en grupo con los actores y su ayudante. Frecuenta a intelectuales progresistas, se apasiona por el movimiento alrededor del teatro moderno organizado por Kaoru Osanai, pero también se entrega al desenfreno en los burdeles de la ciudad.
1925. Yoriko Ichijo, una prostituta, le hiere en la espalda con una cuchilla. El incidente trasciende a los periódicos. El estudio le prohíbe trabajar durante seis meses y le retira del rodaje de *Bajo los rayos rojos del sol poniente*, que será terminado por Genjiro Saegusa.
1926. Conoce a Chieko Saka, bailarina de Osaka, con la que se casa. Convence a su amigo de la infancia, el escritor Matsutaro Kawaguchi, para que se convierta en su guionista.
1929. En respuesta a la escalada del totalitarismo militar, rueda un film marxista, *Sinfonía de la gran ciudad.*
1930. Rodaje de su primer film sonoro, que no le satisface. Estudia música clásica. Su matrimonio no cambia su forma de vida. Continúa callejeando por Gion.
1931. Admira las películas de Josef von Sterberg y de John Ford. Sus obras dan cuenta de su evolución estilística. Experimenta cada vez más con el plano secuencia.
1933. Abandona la Nikkatsu por la compañía de la actriz Irie Takako y adapta la novela de Izumi Kyoka, *El hilo blanco de la catarata*, y a continuación otros dos filmes. El acuerdo no dura mucho. Mizoguchi rompe el contrato.
1934. Tras un breve regreso a la Nikkatsu, se asocia con Masaichi Nagata en una nueva compañía, la Daiichi Eiga, y encuentra inspiración en la actriz Isuzu Yamada.
1936. Inicio de su colaboración con el guionista Yoshikata Yoda para películas sobre la prostitución ambientados en la época contemporánea: *Elegía de Naniwa* y *Las hermanas de Gion.* Encuentro con Josef von Sternberg.
1937. Quiebra de la Daiichi. Nagata y él entran en la Shinko Kinema, donde gozan de una gran independencia. Mizoguchi escoge a Fumiko Yamaji como actriz principal.
1938. Mizoguchi rueda *La patria* en Tokyo. Muerte de Yoshio, su hermano menor. La Shinko le obliga a dirigir un film militarista, *La canción del campo.*
1939. El primer ministro lo nombra consejero del cine nacional y le envía (con otros cinco cineastas) en misión oficial a Manchuria. A su regreso, abandona la Shinko por la Shochiku, se traslada a Kyoto y allí empieza una serie de filmes sobre la vida de los actores.
1940. Primera colaboración con la actriz Kinuyo Tanaka.
1941-1942. Durante el rodaje de *La venganza de los cuarenta y siete samuráis*, su esposa Chieko enloquece y es internada. Algo más tarde, Kenji se casará con Fuji, hermana de aquella y viuda de guerra, y adoptará a sus dos hijos.
1943. Mizoguchi es enviado a China para preparar un film dedicado a la amistad chino-japonesa. El proyecto es abandonado.
1945. Participa en una obra colectiva de propaganda impuesta a los artistas de la Shochiku, *Canto de la victoria.*
1946. Mizoguchi es nombrado presidente del sindicato de la Shochiku, pero desaprueba las huelgas en el estudio. Rueda un film sobre la emancipación de la mujer, *La victoria de las mujeres*, y emprende su serie de películas feministas con Kinuyo Tanaka, de quien está enamorado. Las autoridades de ocupación prohíben la realización de filmes históricos; tiene grandes dificultades para llevar a cabo *Cinco mujeres alrededor de Utamaro.*
1947. Tras la abolición de los privilegios de la aristocracia, Mizoguchi ha de ayudar económicamente a su hermana Suzu. Regreso al *meiji-mono* con *El amor de la actriz Sumako.*
1948. Visible influencia del neorrealismo italiano en *Mujeres de la noche*, que trata de la prostitución contemporánea.
1949. Filma una autobiografía novelada de una sindicalista de la era Meiji, *Llama de mi amor.* Se convierte en presidente de la asociación de directores.
1950. Abandona la Shochiku por la Takimura Production y dirige *El destino de la señora Yuki* en Tokyo, pero sin Kinuyo Tanaka, entonces invitada en Hollywood.
1951. Recupera a Tanaka para *Señorita Oyu*, adaptación de *Ashikara*, de Junichiro Tanizaki, producida por la Daiei, y a continuación *La dama de Musashino*, producida por la Toho. No oculta su envidia cuando se entera de que el Festival de Venecia y más tarde la academia de los Oscar de Hollywood recompensan al joven Kurosawa por *Rashomon.*
1952. Su film *La vida de O-Haru, mujer galante*, representa a Japón en el Festival de Venecia y obtiene un León de Plata.
1953. Se une a la Daiei, que dirige su amigo Nagata, y permanecerá en ella hasta su muerte. Acude al Festival de Venecia para presentar *Cuentos de la luna pálida de agosto*, que gana el León de Oro. Viaje a Francia.
1954. Siempre en Venecia, *El intendente Sansho* comparte el León de Plata con *Los siete samuráis* (Shichinin no samurai), de su rival Akira Kurosawa. Rompe su colaboración con Kinuyo Tanaka, que se ha pasado a la dirección.
1955. León de Plata en Venecia para *Los amantes crucificados.* La Daiei lo nombra director del estudio. Recibe el Ruban Violet, equivalente a la Legión de Honor. Aborda por primera vez el color con *La emperatriz Yang Kwei-Fei*, film coproducido por los hermanos Shaw de Hong-Kong. Sigue con *El héroe sacrílego*, para el que contrata, como consejero para el color, a su antiguo profesor de arte, Mitzuso Wada.
1956. Tras la realización de un *pan-pan mono*, *La calle de la vergüenza*, prepara la adaptación de una novela de Saikaku, *Historia de Osaka*, pero debe ser hospitalizado. Muere de leucemia el 24 de agosto.

Filmografía

Producciones Nikkatsu, Mukojima
EL DÍA EN QUE VUELVE EL AMOR (AI NI YOMIGAERU HI) **1922**
Guión Osamu Wakayama. **Fotografía** Toshimitsu Takasaka. Con Kaichi Yamamoto, Kiyoshi Mori, Shigeru Mifune.
Un aprendiz de alfarero se casa con la hija menor de su patrón. Ella le engaña y se suicida con su amante.

LA TIERRA NATAL (FURUSATO / KOKYO) **1923**
Guión Kenji Mizoguchi. **Fotografía** Yuzo Iwamura. Con Kaichi Yamamoto, Takeo Oguri, Komei Minami.
Una mujer se enamora del hermano del joven hermano de su enamorado y se suicida.

UN SUEÑO DE JUVENTUD (SEISHUN NO YUMEJI) **1923**
Guión K. M. a partir de la novela de Sueniro Kozono. **Fotografía** Hiroshi Watanabe. Con Hiroo Miyajima, Yoneko Sakai, Tetsuya Yoshimura.
Crónica de la vida de tres personas en un albergue.

LA CIUDAD DEL FUEGO (JOEN NO CHIMATA) **1923**
Guión K. M. **Fotografía** Hiroshi Watanabe. **Decorados** Yoshiaki Kamehara. Con Takeo Oguri, Komei Minami, Kiyoshi Mori.
Una geisha comprueba la imposibilidad de ser amada por un soldado. Toma veneno y muere bailando delante de él.

LA CANCIÓN DEL FRACASO ES TRISTE (HAIZAN NO UTA WA KANASHI) **1923**
Guión Kenji Mizoguchi según la novela de Aibi Hata. **Fotografía** Junichiro Aoshima. Con Toyosaku Yoshida, Haruko Sawamura, Matsuko Senoo.
En un pueblo de pescadores, una mujer es seducida por un estudiante de paso. Lo sigue a Tokyo, pero él la abandona cuando ella queda embarazada.

813: LAS AVENTURAS DE ARSENIO LUPIN (813-RUPIMONO) **1923**
Guión Kenji Mizoguchi, a partir de una novela de Maurice Leblanc. **Fotografía** Toshimitsu Takasaka. Con Komei Minami, Tsuruko Segawa, Hiroshi Hoshino.
Film policíaco.

LA SANGRE Y EL ALMA (CHI TO REI) **1923**
Guión Kenji Mizoguchi, basado en el cuento de Hoffmann *Das Fräulein von Scuderi*. **Fotografía** Ichiro Aoshima. **Decorados** Yoshiaki Kemehara. Con Chiyoko Eguchi, Ryotaro Mizushima, Harue Ichikawa.
Hideo trabaja para el joyero Orori, cuya hija ama. Una noche, le sorprenden mientras transporta el cadáver de su patrón. Queda en libertad, porque Orori, él mismo un asesino, ha sido muerto por un borracho.

EL PUERTO DE LAS NIEBLAS (KIRI NO MINATO) **1923**
Guión Soichiro Tanaka, basado en *Anna Christie* de Eugene O' Neill. **Fotografía** Junichiro Aoshima. Con Haruko Sawamura, Eijiro Mori, Harue Kkawa, Kaichi Yamamoto.
Katsuji aloja a un anciano en la pensión familiar de Otsune, de cuya hija, Oba, está enamorado. De noche, lo sorprende robando en la casa, lo mata accidentalmente y se entrega a la policía.

LA NOCHE (YORU) **1923**
Guión Kenji Mizoguchi (primera parte basada en una novela americana, *The Beautiful Demon*). **Fotografía** Junichiro Aoshima. **Decorados** Yoshiaki Kameshina. Con Koichi Katsuragi, Yoneko Sakai, Kaoru Yasuse, Harue Ichikawa.
1. Un ladrón desvalija una casa en la que una mujer hace el amor con un adolescente.
2. El propietario de un restaurante chino mata a su segunda mujer por celos.

EN LAS RUINAS (HAIKYO NO NAKA) **1923**
Guión Kenji Mizoguchi. **Fotografía** Toshimitsu Takasaka. Con Kaichi Yamamoto, Kasuke Koizumi, Haruko Sawamura.
Tras el seísmo del 1 de septiembre de 1923, dos amantes se buscan entre las ruinas de Tokyo y se encuentran en un templo.

Producciones Nikkatsu
LA CANCIÓN DEL DESFILADERO DE LA MONTAÑA (TOGE NO UTA) **1923**
Guión Kenji Mizoguchi, según una obra de Isabella Augusta Gregory. **Fotografía** Toshimitsu Takasaka. **Decorados** Yoshiaki Kamehara. Con Kaichi Yamamoto, Yutaka Mimasu, Haruko Sawamura.
Un hijo comete un crimen y escapa con una joven.

EL TRISTE IMBÉCIL (KANASHIKI HAKUCHI) **1924**
Guión Kenji Mizoguchi y Tatsuro Takabatake, basado en una obra extranjera. **Fotografía** Shoei Iwata. **Decorados** Yoshiaki Kamehara. Con Yoneko Sakai, Koichi Katsugari, Kasuke Koizumi.
Un hombre ama a una camarera y se arruina por ella. Descubre que tiene un amante, lo mata y envía a la mujer a la muerte.

LA REINA DE LOS TIEMPOS MODERNOS (GENDAI NO JOO) **1924**
Guión Murata Minoru. **Fotografía** Seichi Uchida. Con Yoneko Sakai, Komei Minami, Yutaka Kimasu.
Una viuda se enamora de un estudiante. Lo deja todo por él, pero el joven la abandona.

LAS MUJERES SON FUERTES
(JOSEI WA TSUYOCHI) **1924**
Guión Bungekibu Nikkatsu, basado en una obra del repertorio Shimpa. **Fotografía** Seichi Uchida. Con Yoneko Sakai, Yutaka Mimasu, Shirue Matsumoto.
Tsuyuko se casa con Shinjiro y viene a vivir con su madre y hermana. Las dos mujeres le hacen la vida insoportable. Se da a la bebida.

EL MUNDO DE AQUÍ ABAJO (JIN-KYO) **1924**
Guión Kaoru Osanai, Soichiro Tanaku, basado en una obra de Àngel Guimerà. **Fotografía** Seichi Uchida. Con Demmei Suzuki, Eiji Takaji, Kumeko Urabe, Kyoko Mizuki.
Para saldar una deuda, un propietario acuerda un matrimonio entre su amante y un montañés. Este último descubre el engaño, mata al propietario y se lleva a la mujer a la montaña.

EN BUSCA DE UNA PAVITA
(SCHICHIMENCHO NO YUKUE) **1924**
Guión Shuichi Hatamoto, basado en una novela policíaca americana. **Fotografía** Seichi Uchida. Con Yutaka Mimasu, Junichi Kitamura, Kasuke Koizumi.
Comedia policíaca ambientada en China. Una hermosa viuda ha perdido un diamante. Un joven detective lo encuentra.

LLUVIA DE MAYO Y PAPEL DE SEDA
(SAMIDARE SOSHI) **1924**
Guión Koju Yokoyama, basado en la novela homónima. **Fotografía** Seichi Uchida. Con Utako Suzuki, Teruko Katsuka, Kasuke Koizumi.
Un sacerdote pierde la fe y desea a una bailarina, pero el fantasma de una geisha lo devuelve al recto camino.

LA MUJER ALEGRE (KANRAKU NO ONNA) **1924**
Guión Shuichi Hatamoto, basado en una historia de K. M. **Fotografía** Seichi Uchida. Con Kaichi Yamamoto, Yutaka Mimasu, Yoneko Sakai.
Con la complicidad de una camarera, un joven roba el dinero del que su padre es responsable y se da a la fuga. El padre es acusado de robo. Su hijo mata a la camarera y a su nueva amante, y se reúne con su padre ante una iglesia.

LA MUERTE AL AMANECER
(AKATSUKI NO SHI) **1924**
Guión Matsuo Ito. **Fotografía** Seichi Uchida. Con Ryotaro Mizushima, Kasuke Koizumi, Itako Suzuki.
Un hombre abandona a su mujer y a su hijo. Más tarde vuelve a verlos cuando lo persigue la policía. Se suicida ahogándose.

LA MUERTE DEL POLICÍA ITO
(ITO JUNSA NO SHI) **1924**
Film de gánsteres en el que Mizoguchi habría dirigido uno de los cuatro episodios.

LA REINA DEL CIRCO
(KYOKUBADAN NO JOO) **1924**
Guión Shuichi Hatamoto, basado en Tatsuro Takajima. **Fotografía** Hitoshi Hatamoto Con Demmei Suzuki, Kumeko Urabe, Yokichi Kondo.
En un circo, la estrella femenina y la masculina están enamorados. El director intenta en vano seducir a la joven.

NO HAY GUERRA SIN DINERO
(MUSEN FUSEN) **1924**
Guión Shuichi Hatamoto, basado en un cómic de Ippei Okamoto. **Fotografía** Seichi Uchida. Con Kaichi Yamamoto, Kumeko Urabe.
Un desertor chino es rechazado por una joven porque no tiene dinero.

TRAS LOS AÑOS ESCOLARES
(GAKUSO SO IDETE) **1925**
Guión Kenji Mizoguchi, basado en Masanobu Nomura. **Fotografía** Tatsuyuki Yokota. **Decorados** Yoshiaki Kamehara. Con Komei Mimasu, Aiko Takashima, Kasuke Koizumi.
Terujo se casa con el amigo de su infancia, pero pronto se siente abandonada y se deja seducir por Susaniko, que sabotea el avión de su marido.

EL LLANTO DEL CRISANTEMO BLANCO
(SHIRAYURI WA NAGEKU) **1925**
Guión Ryunosuke Shimizu, basado en una obra de John Galsworthy. **Fotografía** Tatsuyuki Yokota. **Decorados** Yoshiaki Kamehara. Con Yoshiko Okada, Yokichi Kondo, Eiji Takagi.
Oyoshi mata a un antiguo amante de su mujer y deja que acusen a un anciano en su lugar. Avergonzado de su acto, comete un doble suicidio con su hermano.

LA SONRISA DE NUESTRA TIERRA
(DAICHI WA HOHOEMU) **1925**
Guión Shuichi Hatamoto, basado en una novela de Hyakusuke Yoshida. **Fotografía** Tatsuyuki Yokota. Con Eiji Takagi, Eiji Nakano, Yoko Umemura.
Tras un conflicto que lo enfrenta con su hijo, un profesor debe abandonar su puesto. Cuando se entera de que su hijo es un ladrón, declara en su contra. Film en tres partes. Mizoguchi dirige la primera.

BAJO LOS RAYOS ROJOS DEL SOL PONIENTE
(AKAI YUKI NI TERASARETE) **1925**
Mizoguchi sólo trabajó tres días en este film. Relato de espionaje de cuatro japoneses en Manchuria.

CANCIÓN DEL PAÍS NATAL
(FURUSATO NO UTA) **1925**
Guión Ryunosuke Shimizu, basado en un relato de Choji Matsui. **Fotografía** Tatsuyuki Yokota. Con Shigeru Kifugi, Mineko Tsuji, Sueko Ito.

Tras sus estudios en Tokyo, Shigeru vuelve al lugar donde nació. Encuentra a un amigo de la infancia y recupera los valores del mundo campesino.

EL SER HUMANO (NINGEN) 1925

Guión Shuichi Hatamoto, basado en una novela de Rentaro Suzuki. **Fotografía** Tatsuyuki Yokota. Con Eiji Nakano, Yoshiko Okada, Harue Ichikawa.

Apenas llegado a Tokyo, a Jiro le roban la cartera. Después de cosechar éxito social, sus allegados lo traicionan y vuelve a casa.

ESCENAS DE LA CALLE (GAIJO NO SUKECHI) 1925

Fotografía Tatsuyuki Yokota. Con Yasunaga Tobojo, Yoshiko Okada, Hiroki Hoshima.

Un hombre pretende suicidarse, pero es otro quien toma el alimento envenenado; un joven seduce a una bailarina; un obrero mata involuntariamente a un amigo en una pelea. Film colectivo.

EL GENERAL NOGI Y EL SEÑOR KUMA (NOGI TAISHO TO KUMA-SAN) 1926

Guión Shuichi Hatamoto, basado en una historia de Kenji Mizoguchi. **Fotografía** Yasugo Kiga. **Decorados** Yoshiaki Kamehara. Con Kaichi Yamamoto, Kasuke Koizumi, Kumeko Urabe.

Un conductor de cochecillo admira a un héroe de la guerra contra Rusia y no lo reconoce cuando se encuentra con él.

EL REY DE LA PERRA CHICA (DOKA-O) 1926

Guión Kenji Mizoguchi, basado en una historia policíaca de Herman Landon. **Fotografía** Tatsuyuki Yokota. Con Enji Sato, Kayoko Saijo, Shiro Kato, Yoshiko Otani.

Un joven pobre posee una moneda de un céntimo en la que aparecen misteriosas inscripciones.

MURMULLO PRIMAVERAL DE UNA MUÑECA DE PAPEL (KAMI-NINGYO HARU NO SASAYAKI) 1926

Guión Eizo Tanaka. **Fotografía** Tatsuyuki Yokota. Con Yoko Umemura, Tokihiko Okada, Koji Shima, Harue Ichikawa.

Enamorada del hijo de un mercadeer de figurillas de marfil, Otane hace muñecas de papel para él. Se casan, pero el joven contrae la tifoidea.

LAS CONSECUENCIAS DEL ERROR (SHIN ONOGA TSUMI) 1926

Guión Shuichi Hatamoto, basado en la obra de Yuho Kichuki. **Fotografía** Tatsuyuki Yokota. Con Yoko Umemura, Tokihiko Okada, Koji Shima.

La hija única de una rica familia se enamora de un estudiante que no la ama, pero queda embarazada. Intenta suicidarse. La salvan de la muerte.

EL AMOR DE UNA PROFESORA DE CANTO (KYOREN NO ONNA SHISHO) 1926

Guión Matsutaro Kawaguchi, basado en una obra del repertorio Nô. **Fotografía** Tatsuyuki Yokota. **Decorados** Yoshiaki Kamehara. Con Yoneko Sakai, Eiji Nakano, Yoshiko Kamala.

Shinkichi es amante de Nobushiga, que enseña el arte del canto. La engaña con una de sus alumnas. Nobushiga muere y su fantasma persigue a la pareja.

HIJOS DEL MAR (KAIKOKU DANJI) 1926

Guión Akira Takeda y Takashi Toichiro, basado en Kajiro Yamamoto. **Fotografía** Tatsuyuki Yokota. Con Tsunomi Hirose, Komako Sunada, Eiji Tagaki.

Tras robar documentos concernientes a la defensa marítima, dos golfos secuestran a una joven, que será liberada por su enamorado.

DEL DINERO (KANE) 1926

Guión Akira Takeda y Shuichi Hatamoto, basado en un capítulo de *El difunto Matías Pascal* de Pirandello. **Fotografía** Tatsuyuki Yokota. Con Kasuko Koizumi, Yoshiko Tokugawa, Midori Komatsu.

Para salvar a su hermano de la ruina, Otsu se vende como geisha.

GRATITUD AL EMPERADOR (KO-ON) 1927

Guión Shuichi Hatamoto. **Fotografía** Tatsuyuki Yokota. Con Harue Ichikawa, Komei Minami, Eiji Tagaki.

Una viuda de guerra tiene tres hijos. Yusaku parte a la guerra contra Rusia. Su hermano y su hermana abandonan a su madre.

COMO EL CAMBIANTE CORAZÓN DE UN PÁJARO (JIHI SHINCHO) 1927

Guión Shuichi Hatamoto, basado en Kan Kikuchi. **Fotografía** Tatsuyuki Yokota. Con Mitsuyo Hara, Eiji Nakano, Tokihiko Okada.

Shizuko duda entre dos pretendientes. Aquel con quien se casa se suicida debido a un escándalo. El otro no se casa por amor hacia ella.

LA VIDA DE UN HOMBRE (HITO NO ISSHO) 1928

Guión Shuichi Hatamoto, basado en el cómic de Ippei Okamoto. **Fotografía** Tatsuyuki Yokota. Con Kasuke Toichiro, Harue Ichikawa, Ruiko Tsushima.

Film en tres partes: La parte feliz; La vida es difícil; El oso y el tigre se encuentran.

QUERIDA HIJA (MUSUME KAWAIYA!) 1928

Guión Shuichi Hatamoto, basado en una historia de Kenji Mizoguchi. **Fotografía** Tatsuyuki Yokota. Con Kasuke Koizumi, Shusaku Sugiyama, Natsue Kitahara.

El guardia de un banco inventa un atraco para disponer de dinero para la dote de su hija.

EL PUENTE DE NIHON (NIHONBASHI) **1929**
Guión Kenji Mizoguchi, basado en una novela de Izumi Kyoka. **Fotografía** Tatsuyuki Yokota. Con Tokihiko Okada, Yoko Umemura, Shizue Natsukawa.
Tokyo, 1912. Un joven lleva una vida disoluta y se convierte en amante de una prostituta que lo conduce a la decadencia.

LA VIDA DE TOKYO
(TOKYO KOSHIN KYOKU) **1929**
Guión Chihikio Kimura y Shuichi Hatamoto, basado en una novela de Kan Kikuchi. **Fotografía** Tatsuyuki Yokota. Con Shizue Natsukawa, Koji Shima, Isamu Kosugi, Eiji Takagi.
Yoshiki quiere casarse con Orie. Pero es la hija ilegítima de su padre.

BRILLA EL SOL AL ELEVARSE
(ASAHI WA KAGAYAKU) **1929**
Co-director Seichi Ina. **Guión** Chihikio Kimura. **Fotografía** Tatsuyuki Yokota y Terao Tsushima. Con Eiji Nakano, Takako Irie.
Hayafusa y Kusaka liberan a la hija de su patrón, que ha sido secuestrada por los gánsteres.

SINFONÍA DE LA GRAN CIUDAD
(TOKAI KOKYOGAKU) **1929**
Guión Shuichi Hatamoto y Tadashi Kobayashi. **Fotografía** Tatsuyuki Yokota. Con Isamu Kosugi, Eiji Takaji, Takako Irie.
Una camarera queda embarazada por el hijo del presidente de una empresa, que decide conceder una pensión a su familia.

LA TIERRA NATAL (FURUSATO) **1930**
Guión Iwao Mori, Bin Kisaragi, Shuichi Hatamoto y Tadashi Kobayashi. **Fotografía** Tatsuyuki Yokota. Música Toyoaki Tanaka. Con Yoshie Fujiwara, Shizue Natsukawa, Isamu Kosugi.
Un cantante célebre cae en el desenfreno. Recupera su notoriedad gracias a una doncella.

OKICHI LA EXTRANJERA
(TOJIN OKICHI) **1930**
Guión Shuichi Hatamoto, basado en una novela de Gisaburo Juichiya. **Fotografía** Tatsuyuki Yokota. Con Yoko Umemura, Kaichi Tamamoto, Koji Shima, Kumeko Urabe.
Un cónsul americano quiere que Okichi sirva en su casa. Enamorada de Tsurumatsu, ella se niega, pero Tsurumatsu acepta dinero para romper con ella.

Y, SIN EMBARGO, AVANZAN
(SHIKAMO KARERA WA YUKU) **1931**
Guión Shuichi Hatamoto, basado en una novela de Chiaki Shimomura. **Fotografía** Tatsuyuki Yokota. Con Yoko Umemura, Tomoemon Bando, Kumeko Urabe
Atsuko abandona su hogar y encuentra empleo como criada. Un médico la seduce, la deja embarazada y la abandona.

EL DIOS GUARDIÁN DEL PRESENTE
(TOKI NO UJIGAMI) **1932**
Guión Shuichi Hatamoto et Tadashi Kobayashi, basado en una obra de Kan Kikuchi. **Fotografía** Tatsuyuki Yokota. Con Koiji Shima, Shizue Natsukawa, Etsuji Oki.
Un escritor se agota al terminar una novela. Su esposa se dispone a abandonarlo.

Producciones Irie
EL AMANECER DE LA FUNDACIÓN EN LA MANCHURIA
(MANMO KENROKU NO REIMEI) **1932**
Guión Shinko Kinema Script Department. **Fotografía** Junichiro Aoshima, Yoshio Nakayama. Con Takako Irie, Eiji Nakano, Yasusuke Matsumuto.
Con la caída de la dinastía manchú, el niño emperador es aprisionado, pero los japoneses salvan a su hermana, que se casa con el rey mongol Tsu-huang para recuperar su trono.

EL HILO BLANCO DE LA CATARATA
(TAKI NO SHIRAITO) **1933**
Guión Yasunaga Higasibojo, Shinji Masuda, Kennosuke Tateoka, basado en una novela de Izumi Kyoka. **Fotografía** Minoru (o Shigeto) Miki. Decorados Shichiro Nishi. Con Takako Irie, Tokihko Okada, Reiko Taki, Kumeko Urabe.
Una malabarista ayuda a un joven pobre, pero el jefe de su compañía la obliga a prostituirse. Ella lo mata por accidente. Convertido en juez, el joven la condena a muerte. Y los dos se suicidan.

LA FIESTA DE GION (GION MATSURI) **1933**
Guión Kenji Mizoguchi, basado en una historia de Matsutaro Kawaguchi. **Fotografía** Minoru Miki. Con Shizuko Mori, Tokihiko Okada, Kumeko Urabe.
Para salvar su tienda, un hombre se ve obligado a conceder la mano de su hija única.

EL GRUPO DEL VIENTO DE VICTORIA
(JIMPU-REN) **1933**
Guión Kenji Mizoguchi, basado en una novela de Juichiya Gisaboro. **Fotografía** Minoru Miki. Con Takako Irie, Ryunosuke Tsukigata, Isamu Kosugi.
En 1874, el político Takamori Saigo es expulsado del gobierno. Regresa a Kyushu seguido de sus partidarios, con la excepción de Samejima, que permanece en Tokyo y se casa con la geisha Okachi.

Producciones Nikkatsu
LA GARGANTA DEL AMOR Y DEL ODIO
(AIZO-TOGE) **1934**
Guión Tatsunosuke Takashima, basado en Matsutaro Kawaguchi. **Fotografía** Tatsuyuki Yokota. Con Isuzu Yamada, Denmei Suzuki.
Tras el incidente de Chichibu (1884), un miembro del partido libe-

ral se relaciona con una actriz ciega. Cuando lo aprisionan, ella se prostituye para ayudarlo, y luego se convierte en una ruina.

Producciones Daiichi Eiga (Masaichi Nagata)

OSEN, EL DE LAS CIGÜEÑAS (ORIZURU OSEN) **1934**

Guión Tatsunosuke Takashima, basado en una novela de Izumi Kyoka. **Fotografía** Minoru Miki. Con Isuzu Yamada, Daijiro Natsukawa, Shin Shibata.

En una noche de tempestad, un doctor recuerda su juventud mientras espera un tren. Una prostituta le ayudó entonces a ser quien es. La encuentra en la estación. La sífilis la ha vuelto loca.

OYUKI, LA VIRGEN (MARIA NO OYUKI) **1935**

Guión Tatsunosuke Takashima y Matsutaro Kawaguchi, basado en *Bola de sebo* de Guy de Maupassant. **Fotografía** Minoru Miki. Con Isuzu Yamada, Komako Hara, Daijiro Natsukawa.

Durante la guerra, una criada influye en un militar para salvar a un grupo de burgueses que la desprecian.

LAS AMAPOLAS (GUBIJINSO) **1935**

Guión Haruo Tagayagi, y Daisuke Ito, basado en una novela de Soseki Natsume. **Fotografía** Minoru Miki. Con Kuniko Miyake, Chiyoko Okura, Daijiro Natsukawa.

Un maestro de escuela ha adoptado a Seizo Ono y la ha criado junto a su propia hija Sayoko. Una vez mujer, Sayoko se enamora de un hombre.

ELEGÍA DE NANIWA (NANIWA EREJII) **1936**

Guión Yoshikata Yoda, basado en Saburo Okada. **Fotografía** Minoru Miki. Con Isuzu Yamada, Benkei Shiganoya, Yoko Umemura.

Una telefonista se convierte en amante de su patrón para ayudar económicamente a su padre. Abandonada por todos, es rechazada por su familia y se prostituye.

LAS HERMANAS DE GION (GION NO KYODAI) **1936**

Guión Yoshikata Yoda. **Fotografía** Minoru Miki. Con Isuzu Yamada, Yoko Umemura, Benkei Shiganoya.

Umekichi es una geisha a la antigua usanza en el barrio de Gion en Kyoto. Su joven hermana Omocha le reprocha vivir así. Herida por sus enemigos, acusa a los hombres de ser responsables de la degradación de las mujeres.

Producciones Shinko Kinema

EL VALLE DEL AMOR Y LA TRISTEZA (AIEN KYO) **1937**

Guión Yoshikata Yoda y Kenji Mizoguchi, basado en Matsutaro Kawaguchi y en *Resurrección* de León Tolstoi. **Fotografía** Minoru Miki. **Decorados** Saka Kawa Kami et Tetsujiro Kitagawa. Con Fumiko Wamaji, Seizaburo Kawasu, Masao Shimizu.

El hijo de un posadero ama a una criada y la deja embarazada, pero su padre lo obliga a abandonar a la mujer y al niño.

LA PATRIA (AA! FURUSATO) **1938**

Guión Yoshikata Yoda, basado en un relato de Hideo Koide. **Fotografía** Junichiro Aoshima. Con Fumiko Wamaji, Masao Shimizu, Kumeko Urabe.

Omiyo vive pobremente con su padre en una ciudad costera. Es seducida por un hombre rico que la abandona tras haberla dejado embarazada.

LA CANCIÓN DEL CAMPO (ROEI NO UTA) **1938**

Guión Shuichi Hatamoto. **Fotografía** Junichiro Aoshima. **Música** Senji Ito. Con Fumiko Wamaji, Masao Shimizu, Seizaburo Kawazu.

El padre de Hideo nunca aprobó el matrimonio de su hijo único con Nobuko. Como Hideo combate en el frente, teme que su muerte borre su nombre y quite el hijo a la pareja.

Producciones Shochiku

HISTORIA DE LOS CRISANTEMOS TARDÍOS (ZANGIKU MONOGATARI) **1939**

Guión Yoshikata Yoda y Matsutaro Kawaguchi, basado en un relato de Shofu Muramatsu y en la obra de Sanichi Iwaya. **Fotografía** Shigeto Miki. **Decorados** Hiroshi Mizutani y Tsunetaro Kikukawa. **Música** Senji Ito, Shiro Fukai. Con Shotaro Hanayagi, Kakuko Mori, Kokichi Takada.

El hijo de un maestro de kabuki es un mal actor. Una criada quiere ayudarlo. La familia los expulsa. El hijo se distinguirá interpretando papeles femeninos, volverá con los suyos y abandonará a la criada.

LA MUJER DE NANIWA (NANIWA ONNA) **1940**

Guión Yoshikata Yoda. **Fotografía** Shigeto Miki. **Música** Senji Ito. Con Kataro Bando, Kinuyo Tanaka, Yoko Umemura.

El músico Danpei y el cantante Koshiji forman un dúo en el teatro de bunraku de Osaka. Se separan. La mujer de Koshiji los reunirá de nuevo.

LA VIDA DE UN ACTOR (GEIDO ICHIDAI OTOKO) **1941**

Guión Yoshikata Yoda, basado en un relato de Matsutaro Kawaguchi. **Fotografía** Kohei Sugiyama. **Música** Senji Ito. Con Senjaku Nakamura, Yoshiko Nakamura. Toichi Takada, Yoko Umemura.

La familia de un actor de kabuki se niega a que se case con la mujer de la que tiene un hijo. Obedece, pero más tarde descubre que su hijo se ha convertido en un gran actor.

LA VENGANZA DE LOS CUARENTA Y SIETE SAMURÁIS (GENROKU CHUSHINGURA) **1941-1942**

Guión Kenichiro Hara y Yoshikata Yoda, basado en la obra de Seika Mayama. **Fotografía** Kohei Sugiyama. Con Yoshisaburo Arashi, Manpo Mimasu, Chojuro Kawarazaki, Yoko Umemura, Fumiko Yamaji.

En el siglo XVIII, cuarenta y siete samuráis deciden vengar el asesinato del jefe de su clan. Lo consiguen y se hacen el hara-kiri.

LOS TRES DANJURO (DANJURO SANDAI) **1944**
Guión Matsutaro Kawaguchi, basado en un relato de Naozo Kagayama. **Fotografía** Shigeto Miki. **Música** Akatsuki Saiki. Con Kenjuro Kawarazaki, Kotaro Bando, Kinuyo Tanaka.
El nieto renegado de una dinastía de actores vuelve a su familia convirtiéndose en actor.

LA LEYENDA DE MUSASHI
(MYAMOTO MUSASHI) **1944**
Guión Matsutaro Kawaguchi, basado en un folletín de Kan Kikuchi. **Fotografía** Shigeto Miki. Con Chojuro Kawarazaki, Kinuyo Tanaka.
Un héroe de la época feudal ayuda a dos jóvenes antes de vengar la muerte de uno de ellos.

LA ESPADA BIJOMARU (MEITO BIJOMARU) **1945**
Guión Matsutaro Kawaguchi. **Fotografía** Kohei Sugiyama. Con Shotaro Hanayagi, Isuzu Yamada.
Fin de la era Togugawa. Un herrero crea una espada perfecta para una joven que desea vengarse.

CANTO DE LA VICTORIA (HISSHO KA) **1945**
Film colectivo de propaganda que muestra la vida valiente y patriótica de los civiles en la retaguardia durante la II Guerra Mundial.

LA VICTORIA DE LAS MUJERES
(JOSEI NO SHORI) **1946**
Guión Kogo Noda y Kaneto Shindo. **Fotografía** Toshio Ubukata. **Música** Kozoaki Asai. Con Kinuyo Tanaka, Michiko Kuwano, Eiko Uchimura.
Al pleitear por la defensa de una infanticida, una abogada feminista estigmatiza la suerte de las mujeres en la sociedad japonesa.

CINCO MUJERES ALREDEDOR DE UTAMARO
(UTAMARO O MEGURU GONIN NO ONNA) **1946**
Guión Yoshikata Yoda, basado en la novela de Kanji Kunieda. **Fotografía** Shigeto Miki. **Música** Hisato Osawa y Tamezo Mochizuke. Con Minosuke Bando, Kinuyo Tanaka, Eiko Ohara, Hiroko Kawasaki.
A finales del siglo XVIII, el pintor Utamaro desafía a la censura pintando en la piel de las mujeres. Lo condenan a permanecer cinco días con las manos atadas.

EL AMOR DE LA ACTRIZ SUMAKO
(JOYU SUMAKO NO KOI) **1947**
Guión Yoshikata Yoda, basado en la novela de Hideo Osawa. **Fotografía** Shigeto Miki. **Música** Hisato Osawa. Con Kinuyo Tanaka, So Yamamura, Eijiro Tono.
El director Shimamura introdujo el teatro occidental en el Japón de la era Meiji. Se enamora de la actriz Sumako y abandona a su familia. Cuando muere, Sumako se suicida.

MUJERES DE LA NOCHE
(YORU NO ONNATACHI) **1948**
Guión Yoshikata Yoda, basado en una novela de Eijiro Hisaita. **Fotografía** Kohei Sugiyama. **Decorados** Hiroshi Mizutani. **Música** Hisato Osawa. Con Kinuyo Tanaka, Sanae Takasugi, Tomie Tsunoda.
Tras la II Guerra Mundial, Fusako se hace prostituta, mientras que su hermana se deja mantener.

LLAMA DE MI AMOR
(WAGA KOI WA MOENU) **1949**
Guión Yoshikata Yoda y Kaneto Shindo, basado en los libros de Kogo Noda y Hideo Kagetama. **Fotografía** Kohei Sugiyama. **Música** Senji Ito. Con Kinuyo Tanaka, Ichiro Sugai, Eitaro Ozawa.
En 1884, la feminista Eiko Hirayama se convierte en la amante del jefe del partido liberal y descubre que éste considera a las mujeres como objetos sexuales. Tras su victoria en las elecciones, lo abandona.

Producción Shintoho/Takimura
EL DESTINO DE LA SEÑORA YUKI
(YUKI FUJIN EZU) **1950**
Guión Yoshikata Yoda y Kazuo Funabashi, basado en la novela de Seuchi Funabashi. **Fotografía** Joji Ohara. **Decorados** Hiroshi Mizutani. **Música** Fumio Hayasaka. Con Michiyo Kogure, Eijiro Yanagi, Keri Uehara, So Yamamura.
Tras ser humillada y verse arruinada por su marido, madame Yuki se suicida.

Producción Daiei
SEÑORITA OYU (OYU-SAMA) **1951**
Guión Yoshikata Yoda, basado en la novela de Junichiro Tanizaki *Un corte en los juncos*, en *Dos amores crueles*. **Fotografía** Kazuo Miyagawa. **Decorados** Hiroshi Mizutani. Música Fumio Hayasaka. Con Kinuyo Tanaka, Nobuko Otowa, Yuji Hori.
La viuda Oyu no puede volver a casarse antes de haber criado a su hijo. Shinnosuke la ama y se casa con Shizu, su hermana menor. Viven los tres en la castidad. El rumor obliga al trío a separarse. Shizu muere al dar a luz. Shinnosuke coloca al bebé en el jardín de Oyu y desaparece llorando entre los juncos.

Producción Toho
LA DAMA DE MUSASHINO
(MUSASHINO FUJIN) **1951**
Guión Yoshikata Yoda, basado en la novela de Shohei

Ooka. **Fotografía** Masao Tamai. **Música** Fumio Hayasaka. Con Kinuyo Tanaka, Mayasuki Mori, Eitaro Shindo.
Después de la guerra, una mujer se suicida para evitar que su esposo venda la mansión familiar.

Producción Koi /Shintoho

LA VIDA DE O-HARU, MUJER GALANTE (SAIKAKU ICHIDAI ONNA) **1952**

Guión Yoshikata Yoda, basado en una novela de Saikaku Ihara. **Fotografía** Yoshimi Hirano. **Música** Ichiro Saito. **Decorados** Hiroshi Mizutani. Con Kinuyo Tanaka, Toshiro Mifune, Eitaro Shindo.
Culpable de una relación con un sirviente, la hija de una familia de samuráis es expulsada de palacio. Su padre la convierte en mercancía sexual. Se convierte en prostituta y termina su existencia mendigando ante los templos.

Producciones Daiei

CUENTOS DE LA LUNA PÁLIDA DE AGOSTO(UGETSU MONOGATARI) **1953**

Guión Yoshikata Yoda y Matsutaro Kawaguchi, basado en *Cuentos de luna y lluvia* de Akinari Ueda y en una novela de Guy de Maupassant. **Fotografía** Kazuo Miyagawa. **Música** Fumio Hayasaka. Con Kinuyo Tanaka, Masayuki Mori, Sakae Ozawa, Mitsuko Mito, Machiko Kyo.
A finales del siglo XVI, la guerra devasta la región en la que habitan el alfarero Genjuro, su mujer Myagi, su hijo y su cuñado Tobei, que sueña con ser samurái, para enfado de su esposa Ohama. Los dos hombres vivirán un destino trágico al ver realizados sus sueños. Ohama se prostituirá y asesinarán a Myagi.

LOS MÚSICOS DE GION (GION BAYASHI) **1953**

Guión Yoshikata Yoda, basado en Matsutaro Kawaguchi. **Fotografía** Kazuo Miyagawa. **Música** Ichiro Saito. Con Michiyo Kogure, Ayako Wakao, Seizaburo Kawazu, Eitaro Shindo.
Tras la muerte de su madre, Eiko es acogida por una geisha. Pese a su resistencia, una alcahueta la obliga a prostituirse. La geisha se sacrifica. Eiko se convierte en su cómplice en su descenso a los infiernos.

EL INTENDENTE SANSHO (SANSHO DAYU) **1954**

Guión Yoshikata Yoda y Fuji Yahiro, basado en la novela Ogai Mori. **Fotografía** Kazuo Miyagawa. **Música** Fumio Hayasaka. Con Kinuyo Tanaka, Yoshiaki Hanayagi, Kyoko Kagawa, Eitaro Shindo.
En el siglo XI, el gobernador de una provincia defiende a los campesinos y es destituido. Su familia se exilia. Raptados por los bandidos, sus hijos se convierten en esclavos del intendente Sansho, pero su hijo se evade gracias al sacrificio de su hermana. Convertido en gobernador, decreta la abolición de la esclavitud y encuentra a su madre, que se prostituye.

LA MUJER CRUCIFICADA (UWASA NO ONNA) **1954**

Guión Yoshikata Yoda y Matsutaro Kawaguchi. **Fotografía** Kazuo Miyagawa. **Música** Toshiro Mayazumi. **Decorados** Hiroshi Mizutani. Con Kinuyo Tanaka, Yoshiko Kuga, Tomoemon Otani, Eitaro Shindo.
Una joven desprecia a su madre por regentar un burdel, pero acaba por ocupar su lugar.

LOS AMANTES CRUCIFICADOS (CHIKAMATSU MONOGATARI) **1954**

Guión Yoshikata Yoda y Matsutaro Kawaguchi, basado en la obra de Monzaemon Chikamatsu. **Fotografía** Kazuo Miyagawa. **Decorados** Hiroshi Mizutani. **Música** Fumio Hayasaka. Con Kazuo Hasegawa, Kyoko Kagawa, Eitaro Shindo.
Kyoto, siglo XVIII. Una mujer casada huye con un empleado. Serán crucificados.

LA EMPERATRIZ YANG KWEI-FEI (YOKIHI) **1955**

Guión Yoshikata Yoda, Matsutaro Kawaguchi, Masashige Narusawa y Ch'in Tao. **Fotografía** Kohei Sugiyama (colores Daeii). **Decorados** Hiroshi Mizutani. **Música** Fumio Hayasaka. Con Machiko Kyo, Masayuki Mori, So Yamamura, Sakae Ozawa.
Un emperador desposa a una plebeya y colma de honor a su familia que se aprovecha de ello con arrogancia. Estalla una guerra civil. Ahorcan a la emperatriz. El emperador, inconsolable, no la sustituye y, en su muerte, encuentra a su fantasma.

EL HÉROE SACRÍLEGO (SHIN HEIKE MONOGATARI) **1955**

Guión Yoshikata Yoda, Matsutaro Kawaguchi y Kyuichi Tsugi, basado en un folletín de Eiji Yoshikawa elaborado a partir de textos del siglo XIII. **Fotografía** Kohei Sugiyama (colores Daeii). **Decorados** Hiroshi Mizutani. **Música** Fumio Hayasaka y Masaru Sato. Con Raizo Ichikawa, Marutoshi Hayashi, Michiyo Kogure, Eitaro Shindo.
El hijo de un samurái y de una mujer galante se entera de que es el hijo del emperador, pero otros testimonios le hacen entender que sería hijo de un monje libertino. Se rebela contra el orden establecido.

LA CALLE DE LA VERGÜENZA (AKASEN CHITAI) **1956**

Guión Masashige Narusawa, basado en una novela de Yoshiko Shibaki. **Fotografía** Kazuo Miyagawa. **Decorados** Hiroshi Mizutani. **Música** Toshiro Mayuzumi. Con Machiko Kyo, Ayako Wakao, Michiyo Kogure, Aiko Mimasu, Yasuko Kawakami, Eitaro Shindo.
Cinco mujeres se prostituyen en una casa de Yoshiwara, en el momento en que el gobierno pretende prohibir la prostitución.

Bibliografía

SHOBO Bunka, *Recueil des scénarios de Mizoguchi*, Japón, 1937.

TSYUMURA Hideo, *Un nommé Kenji Mizoguchi*, Jitsugyô no Nihon Sha, Japón, 1958.

FERNÁNDEZ CUENCA Carlos, *Kenji Mizoguchi*, Filmoteca Nacional de España, Madrid, 1964.

VÉ-HO, *Mizoguchi*, Éditions universitaires, col. "Classiques du cinéma", 1964.

MESNIL Michel, *Mizoguchi*, Éditions Seghers coll., "Cinéastes d'aujourd'hui", n° 31, 1965.

DOUCHET Jean, *Connaissance de Mizoguchi*, FFCC, n° 2, 1966.

IWAZAKI Akira, *Kenji Mizoguchi*, Éditions de l'Avant-Scène, 1967.

Kenji Mizogchi, Filmoteca Nacional de España/Semana Internacional de Cine de Valladolid, Madrid, 1980.

ANDREWS Dudley y ANDREWS Paul, *Mizoguchi. A Guide to References and Ressources*, Boston, G. K. Hall, EE UU, 1981.

Número especial fuera de serie de *Cahiers du cinéma*, 1982.

SERCEAU Daniel, *Mizoguchi, de la révolte aux songes*, Éd. du Cerf, col. "7e art", 1983.

SANTOS Antonio, *Kenji Mizoguchi*, Cátedra, Madrid, 1993.

YODA Yoshikata, *Souvenirs de Kenji Mizoguchi*, Cahiers du cinéma, col. "Petite bibliothèque", 1997.

"Kenji Mizoguchi", *Nosferatu. Revista de cine*, n° 29, San Sebastián, enero de 1999.

DVD

Editados por DeAPlaneta: *Historia de los crisantemos tardíos* (editada como *Historia del último crisantemo*); *Cinco mujeres alrededor de Utamaro* (editada como *Utamaro y sus cinco mujeres*); *Señorita Oyu*; *Cuentos de la luna pálida de agosto*; *Los músicos de Gion*; *El intendente Sansho*; *La mujer crucificada*; *Los amantes crucificados*; *La emperatriz Yang Kwei-Fei*; *La calle de la vergüenza*.

Editados por Filmax Home Video: *Las hermanas de Gion*; *La venganza de los cuarenta y siete samuráis* (editada como *Los leales 47 ronin*); *El amor de la actriz Sumako*; *Mujeres de la noche*; *Llama de mi amor* (editada como *Amor en llamas*); *La vida de O-Haru, mujer galante*.

Editados por Versus Entertainment: *Elegía de Naniwa*; *La espada Bijomaru*.

Fuentes iconográficas
Todas las fotos utilizadas en esta obra provienen de la colección de *Cahiers du cinéma* salvo:
Cahiers du cinéma/D. Rabourdin: p. 8-9.
Capturas de DVD: *La vida de O-Haru, mujer galante*; *El intendente Sansho* y *El héroe sacrílego*, Opening: p. 61, 73 y 78.

Créditos fotográficos
Shintoho Company Ltd./Connaissance du cinéma (*La vida de O-Haru, mujer galante*): p. 33, 59, 60, 61.
Nikkatsu Kyoto (*El mundo de aquí abajo*; *El puente de Nihon*; *Sinfonía de la gran ciudad*; *La tierra natal*): p. 15, 16, 19, 20.
Irie Production (*El hilo blanco de la catarata*): p. 22-23, 24.
Daiichi Eiga Kyoto (*Osen, el de las cigüeñas*; *Las amapolas*; *Oyuki, la virgen*; *Las hermanas de Gion*): p. 25, 26, 27, 29.
Shochiku Kyoto (*Historia de los crisantemos tardíos*; *La venganza de los cuarenta y siete samuráis*; *La vida de un actor*; *La leyenda de Musashi*; *Cinco mujeres alrededor de Utamaro*; *Llama de mi amor*; *Mujeres de la noche*): p. 8-9, 30, 34, 36-37, 38, 41, 43, 44, 46-47, 49, 50, 64.
Shintoho/Takimura Tokyo (*El destino de la señora Yuki*): p. 52, 54.
Daiei Kyoto (*Señorita Oyu*; *Cuentos de la luna pálida de agosto*; *Los músicos de Gion*; *El intendente Sansho*; *La mujer crucificada*; *Los amantes crucificados*; *La emperatriz Yang Kwei-Fei*; *El héroe sacrílego*; *La calle de la vergüenza*): p. 2, 6, 42, 56-57, 58, 62, 66, 67, 69, 70, 71, 72, 73, 74, 75, 76, 77, 78, 79, 81, 82, 83, 84, 86.
Dibujos de Hiroshi Mizutani, todos los derechos reservados: p. 65.
Todos los derechos reservados: retrato de Kenji Mizoguchi p. 3., retrato p. 10, foto de rodaje p. 95.

Pese a las indagaciones efectuadas por *Cahiers du cinéma*, es posible que algunas ilustraciones con derechos no hayan sido identificadas. Tengan a bien aceptar nuestras excusas y ponerse en contacto con nosotros.